TAYLOR SWIFT STYLE

TAYLOR SWIFT STYLE

MODA AO LONGO DAS ERAS

SARAH CHAPELLE

TRADUÇÃO
ANDRÉ MARINHO

AGIR

Título original: *Taylor Swift Style – Fashion Through the Eras*

Esta obra não é afiliada a Taylor Swift nem endossada por ela, e não reflete suas opiniões ou as de sua equipe de gerenciamento

Editora Nova Fronteira Participações S.A.
Av. Rio Branco, 115 — Salas 1201 a 1205 — Centro — 20040-004
Rio de Janeiro — RJ — Brasil
Tel.: (21) 3882-8200

DIREÇÃO EDITORIAL: Daniele Cajueiro
EDITORA RESPONSÁVEL: Ana Carla Sousa
PRODUÇÃO EDITORIAL: Adriana Torres, Júlia Ribeiro, Laiane Flores, Beatriz Rodrigues e Juliana Borel
REVISÃO DE TRADUÇÃO: Marina Góes
REVISÃO: Rachel Rimas, Thaís Carvas, Fernanda Lutfi e Claudia Moreira
ADAPTAÇÃO DE PROJETO GRÁFICO, DIAGRAMAÇÃO E CAPA: Larissa Fernandez e Leticia Fernandez

Este livro foi impresso em 2024, pela Coan, para a Agir. O papel do miolo é cuchê 115g/m².

Imagem de Capa: Mike Coppola | Getty Images

Dados Internacionais de Catalogação na Publicação (CIP)

C462t Chapelle, Sarah

Taylor Swift Style: moda ao longo das Eras/ Sarah Chapelle; traduzido por André Marinho. – 1. ed – Rio de Janeiro: Agir, 2024

352 p.; 18 x 24 cm

Título original: *Taylor Swift Style - Fashion Through the Eras*

ISBN: 978-65-5837-190-8

1. Música – moda . I. Marinho, André. II. Título

CDD: 780
CDU:780.6

André Felipe de Moraes Queiroz – Bibliotecário – CRB-4/2242

CONHEÇA OUTROS LIVROS DA EDITORA:

Para aqueles que se encontram na ponte de uma canção da Taylor — e vestem essa identidade com orgulho.

Sumário

Parte

III

A POTÊNCIA QUE TAYLOR CONSTRUIU

Parte

IV

FROM THE VAULT (VERSÃO DO LIVRO)

"Passar por fases é uma das coisas de que mais gosto na moda. Adoro como ela pode marcar a passagem do tempo. É o mesmo que acontece com as minhas músicas — tudo isso ajuda a identificar onde eu estava em diferentes épocas da vida."

— Taylor Swift, *Vogue*, 2016

Prólogo

COSTURANDO UMA IMAGEM

Costumo brincar que minha relação com a Taylor Swift é a mais longa da minha vida (sem querer ofender meu marido). Com apenas três anos de diferença de idade, enxerguei nela uma irmã mais velha que estava descobrindo a vida e o amor exatamente como eu. Seus primeiros álbuns são como um livro de recortes da nossa adolescência, e navegamos juntas por esses anos bagunçados da juventude e pelo começo dos vinte e poucos. Vi minhas experiências refletidas em todas as suas canções — aquele amor da época da escola desmoronando no primeiro verão depois da formatura ("Tim McGraw"); a nostalgia prematura de ser mais "sábia" ao rememorar o primeiro ano do ensino médio ("Fifteen"); a empolgação e a solidão de sair da casa dos pais e ter seu primeiro apartamento ("Never Grow Up"); o golpe violento de namorar alguém que envia sinais contraditórios ("Red") e a dor de aprender que o processo de cura não é linear ("Clean"). À medida que Taylor foi ficando mais velha e seus passos para se tornar adulta se tornaram mais firmes e constantes, nossos mundos permaneceram paralelos e se estabeleceram em novos caminhos, cheios de nuances — a descoberta de que o nosso lar pode ser uma pessoa ("New Year's Day"); o enfrentamento assustador da morte de um pai ("Soon You'll Get Better") e, com a chegada dos trinta, a dolorosa compreensão de que talvez a gente realmente nunca encontre solução para tudo ("Dear Reader"). O amadurecimento e a descoberta da vida não são fáceis para uma mulher jovem, mas nunca senti que atravessava esses tempos agitados sozinha, porque, como muitos swifties, eu tinha as músicas de Taylor narrando minha existência.

Taylor sempre entendeu o poder da interpretação, especialmente por meio da moda. Ao longo dos anos, seu estilo passou de uma ferramenta sutil de consolidação de imagem para uma forma de arte estratégica que se comunica diretamente com quem conhece o assunto.

Acredito que a moda representa uma cápsula do tempo visual do nosso eu mais profundo. Revendo fotos da minha vida, consigo identificar quando descobri o balé (coques no cabelo e tons pastel dominavam meu guarda-roupa); quando ouvi os primeiros comentários sobre eu ser "menininha demais" e comecei a mudar todo o meu estilo para ser o exato oposto disso (macacões, bonés e muitas roupas azuis); quando passei pela minha fase punk rock (delineador, mas somente na linha d'água — bastante original —, camisetas de banda, jeans rasgados, tênis All Star). E por aí vai. Tem gente que afirmaria que essas roupas eram fantasias, mas eu rebateria dizendo que eram um reflexo preciso de quem eu era (ou queria ser) naquela época. Elas representaram meus interesses e prioridades ao mesmo tempo que funcionaram como minha espada e meu escudo. As roupas, feito uma armadura, foram uma maneira de encobrir minhas inseguranças e projetar como eu desejava me mostrar para as outras pessoas — e também para mim mesma.

A crescente confiança de Taylor em expressar sua identidade através da moda se encaixou perfeitamente com minha evolução pessoal como fã e admiradora de sua carreira. Enquanto cursava a faculdade de jornalismo em 2011, comecei o blog *Taylor Swift Style*. Na época, a única cobertura de moda de celebridades que existia era veiculada nos principais meios de comunicação impressos ou reservada para a cobertura dos eventos de tapete vermelho. Se você estivesse interessado em saber de onde era a blusinha linda que Taylor tinha usado durante sua ida ao Starbucks numa manhã qualquer em Nashville, não teria muita sorte. Era um tempo muito diferente do espaço digital supersaturado com o qual lidamos hoje em dia.

Então, em meio a palestras (que aprimoravam minhas habilidades como entrevistadora e pesquisadora) e estágios em jornais (que me ensinavam como me aprofundar no que desperta o interesse das pessoas e como contar histórias de uma forma cativante), apliquei meu conhecimento em expansão no blog. Com muita força de vontade, um sonho no coração e uma boa conexão de internet, comecei a me familiarizar com as grandes *maisons*. Aprendi a ver a assinatura de cada uma delas no corte de um corpete, na alça de uma bolsa ou no salto de um sapato. Aprendi a identificar as diferenças entre punhos de camisas e decotes de vestidos. Desde nova, sempre gostei de histórias — de ler histórias e também de contá-las, com o mesmo prazer. Como uma jovem repórter, aprendi o poder dos detalhes e a importância da precisão. Essas facetas formaram os princípios da minha abordagem narrativa. Foi assim que — fascinada pelas letras da Taylor, que capturavam de forma autêntica a experiência feminina da minha geração — todos os meus interesses se fundiram em um blog e suas respectivas mídias sociais. Comecei a identificar os hábitos de moda da Taylor e a procurar os links de compra das roupas que ela usava para outros fãs ávidos e interessados. Depois dei um passo adiante, comentando sobre os possíveis simbolismos e mensagens por trás de seus looks junto com minha opinião sobre o que ela estava querendo dizer ao mundo com eles.

> *"Quando vou criar um álbum... começo pensando no conceito. 'Qual vai ser a imagem desse álbum? Quais serão as cores [?]... Qual será a estética? O que eu quero transmitir com isso?' Porque desde o início da minha carreira eu quis estabelecer cada álbum como uma era própria."*
>
> — Taylor Swift, Festival Internacional de Cinema de Toronto, 2022

O conteúdo que eu produzia de forma fragmentada cobria a lacuna deixada pelas publicações de moda já consagradas. O espaço digital parecia um Velho Oeste, com todo mundo tentando estabelecer a própria imagem. No mundo da moda, onde a necessidade de ser incisivo, até mesmo cruel, parece ser a norma, eu quis construir um espaço que fosse criticamente gentil, em pensamento e comportamento. Sentia que meu lugar era a combinação entre a precisão jornalística e uma opinião ponderada e confiável — como o amigo que vai salvá-lo das escolhas de look equivocadas antes de você sair pela porta e também defendê-lo caso surja um comentário cruel de algum estranho. Sempre acreditei que na imensidão da internet, onde é muito fácil encontrar quem gosta de provocar e ofender, também é possível se conectar com pessoas que compartilham de nossas paixões mais verdadeiras. As músicas da Taylor me ensinaram isso. Eu queria encontrar pessoas que se divertissem falando com leveza sobre moda e letras de música, e que vissem o estilo como um meio de comunicarmos nossos pensamentos e motivações.

E encontrei.

Encontrei dezenas de milhares de pessoas com paixões e interesses semelhantes aos meus. Nós nos tornamos uma comunidade bem integrada de TSSers — um nicho dentro de um fandom, composto por falantes fluentes em moda e "swiftês" que conseguem manter um diálogo crítico com diferentes opiniões sem evoluir para comentários agressivos ou xingamentos. Uma verdadeira utopia da internet.

À medida que fui analisando as publicações do blog, o histórico fashion de Taylor começou a tomar forma. Eu poderia traçar nitidamente uma linha temporal partindo da adolescente ingênua da música country até a mulher poderosa e independente apenas pela transformação das suas roupas.

Estrela da música country, com um mero movimento de seu cabelo cacheado Taylor inspirou uma onda de jovens letristas a pegar um violão, a usar um modelador de cachos e a colocar um vestidinho com botas de caubói (inclusive o modelo filipino-canadense do noroeste do Pacífico, que está meio fora da estética local).

Numa indústria gerida por homens de meia-idade, as escolhas de moda da Taylor, assumidamente jovens e femininas, fizeram com que ela se sobressaísse muito mais. Era uma estratégia arriscada chamar a atenção para tudo que a tornava única em vez de tentar se encaixar no cenário estabelecido da música country. Seu primeiro passo, claro, foi fazer com que as pessoas a conhecessem. Em junho de 2006, Taylor fez exatamente isso em uma jogada brilhante, dando ao seu single de estreia o título de um dos maiores nomes da música country: Tim McGraw.

Ter seu nome pronunciado no mesmo fôlego que o de um dos artistas masculinos mais famosos da música country capturou muitos olhares e ouvidos, instantaneamente. Uma vez com o pé na porta, Taylor se esforçou para criar uma imagem que capitalizava tudo que a diferenciava da geração anterior do country. A fórmula confiável de vestidinhos BCBG[1] com botas de caubói foi o equivalente na indumentária a criar uma conexão rápida com alguém que acabamos de conhecer. E, em todo lugar que podia, ela se certificava de que as pessoas lembrariam seu nome, iniciando todas — eu disse *todas* — as apresentações e aparições públicas com a frase "Oi, eu sou a Taylor".

Conforme ela ia moldando sua identidade e pavimentando seu caminho de estrela do country para princesa do country/pop até chegar ao patamar de grande estrela do pop internacional, seu estilo continuou a refletir suas escolhas profissionais. Quando decidiu ampliar seu público de leais fãs de country para o espectro mais amplo de ouvintes de pop, seu estilo ficou menos "cantora country" e mais apenas "cantora". Com o lançamento de seu segundo álbum, *Fearless*, em 2008, seu estilo assumiu uma aura feminina mais clássica. As botas de caubói deram lugar a scarpins peep toes, os vestidi-

---

[1] A sigla "BCBG" corresponde a "Bon Chic Bon Genre", uma expressão francesa que significa "Bom Estilo, Bom Gosto", mas também era a marca usada pela Taylor, BCBG MAX AZRIA. (N.T.)

nhos abriram espaço para minissaias skater, os cabelos cacheados e esvoaçantes agora ostentavam ondas mais definidas e um pouco mais curtas, as roupas rumo a uma paleta mais brilhante, cheias de lantejoulas. Sua música assumiu um quê onírico inspirado nos contos de fada e nos romances de época, e seu estilo seguiu o mesmo caminho.

Não é de surpreender que, ao varrer completamente o Country Music Association Awards em 2009, vencendo em todas as categorias para as quais foi indicada — cinco no total, incluindo Álbum do Ano por *Fearless* —, Taylor estivesse usando um tomara que caia brilhante com saia de tule, assinado por Reem Acra. O desenho das lantejoulas no corpete terminando num formato de raios de luz traduziu a perfeita imagem da estrela em ascensão que ela era. Eu me lembro de pensar que Taylor realmente parecia uma princesa da Disney moderna, e obviamente, na temporada de formaturas que veio a seguir, muitas garotas compraram réplicas daquele vestido para usarem na noite mais especial de seus próprios contos de fadas.

Taylor tem um estilo de composição musical que pauta a admiração tão íntima e profunda que seus fãs nutrem por ela. Suas canções não são apenas mais uma música qualquer a ser ouvida; elas soam como confidências trocadas em sussurros durante a madrugada, numa festa do pijama em que só as amigas mais próximas estão presentes. É a sua autenticidade, uma verdade que não pode ser fabricada, que atrai os fãs para o brilho de seu universo. Seus primeiros trabalhos eram repletos da sinceridade pura e direta de uma adolescente, e soavam verdadeiros porque de fato eram. A princípio, a gravadora queria que Taylor omitisse os detalhes que tornavam os personagens e as situações de suas músicas facilmente identificáveis. No entanto, Taylor sabia que o ideal era justamente o contrário. Por isso, fez questão de deixar nomes de rapazes nas suas canções (Cory, em "Stay Beautiful", Drew, em "Teardrops on My Guitar", e Stephen, em "Hey Stephen"); de incluir as idades e datas em que ocorreram os eventos na sua vida ("Fifteen", "22", 9 de julho de "Last Kiss", 29 de abril de "High Infidelity"); e de apontar detalhes simples e vívidos como a cor do cabelo (ruivo) da sua melhor amiga (Abigail). Esses detalhes não situam sua obra em uma ilha; na verdade, criam uma ponte levadiça, convidando os ouvintes ao mundo emocional de uma adolescente. Um desses detalhes realistas mais famosos tem a ver com moda: o simbólico cachecol presente na faixa "All Too Well", do álbum *Red*, de 2012. A música traça a jornada desse simples acessório pela linha do tempo de uma relação, desde o início inocente até o cruel rompimento. Em 2021, descobri de onde era a peça: Gucci. No lugar dela, eu também ia querer o cachecol de volta.

Em 2014, dois grandes eventos coincidiram para provocar a maior mudança no estilo de Taylor até então. O primeiro foi sua mudança de Nashville, Tennessee, o coração da música country, para Nova York; o segundo, o início da criação de *1989*, seu primeiro álbum totalmente pop. Ambas as decisões culminaram no que eu gosto de chamar de a Era da Escalada Fashion de Nova York. Lembro-me muito claramente dessa época, porque também marcou o ápice de duas grandes mudanças na minha vida: a conclusão da faculdade de jornalismo e uma mudança de cidade para começar meu primeiro emprego como repórter, deixando minha família e meus amigos. Sem contar o fato de ter sido convidada para as Sessões Secretas do *1989* em Nova York, é claro. Naquele verão, enquanto eu desempacotava minhas coisas num pequeno apartamento antigo e lidava pela primeira vez com o serviço de lavanderia pago com moedas, fotos de Taylor surgiam todos os dias enquanto ela explorava a cidade em looks novos e inspiradores. Sua confiança silenciosa e os sorrisos para a multidão de paparazzi, que se amontoavam freneticamente diante do seu prédio em Tribeca e no estúdio de pilates ali perto, eram a prova de que sua nova estética estava chamando a atenção. No outono, em sua aconchegante sala de estar à luz de velas, tive a oportunidade de dizer pessoalmente a Taylor como o *1989*, seu álbum pop divisor de águas, havia mudado minha visão sobre a vida, o amor e a amizade. Na ocasião, seu look era uma mistura invejável de peças que poderiam ser encontradas em lojas de departamento com outras de grife, fazendo-a parecer acessível e amigável, mas ao mesmo tempo alguém que podia comprar um jatinho particular e voar direto para um resort em uma ilha isolada por mero capricho. Taylor também tinha como missão pessoal garantir que conjuntinhos (uma combinação chique e sexy de top e saia) atingissem o ápice da moda.

A música tem essa capacidade de nos transportar no tempo, de criar uma memória sensível que nos conecta a determinado momento, experiência ou sentimento. Taylor sabe disso melhor do que ninguém, e construiu uma carreira pautada em fazer suas experiências pessoais soarem universais. Certa vez ela disse que sua maior esperança era "falar através da música coisas com que as pessoas vão se importar". Mas, para mim, a iconografia de seu estilo fez o mesmo. Quase sempre consigo situar em que fase da vida eu estava com base em seus looks — e isso diz muito sobre sua força em criar e se comunicar através da moda, ou sobre a minha obsessão em documentar todo o seu guarda-roupa com riqueza de detalhes. Ou sobre as duas coisas. Possivelmente, as duas coisas.

Provavelmente, as duas coisas.

Eu me lembro de sentar diante do computador dos meus pais e surtar com meus amigos pelo Windows Live Messenger (essa frase certamente provocará um corte geracional) no dia em que Taylor lançou seu primeiro perfume, Wonderstruck, na Sephora, em outubro de 2011. Também me lembro do dia em que fui lotada de moedas levar um cesto de roupa suja para a lavanderia do meu primeiro prédio nos tempos da pós-graduação e, ao voltar para o quarto, descobri que Taylor tinha usado um vestido verde Michael Kors deslumbrante no American Music Awards de 2014. E me lembro especificamente do dia, em novembro de 2017, em que as faixas de *reputation* foram divulgadas. Eu estava sentada em uma praia no Havaí, o cabelo ainda molhado e cheio de sal, aproveitando minha primeira viagem internacional sozinha para celebrar meu aniversário de 25 anos. Meu coração deu um salto quando vi na lista uma música cujo título tinha a ver com moda: "Dress." Passei noites no meu quarto de hotel (depois de comer meu próprio peso em sorvete de abacaxi e sushi de Spam) postando looks Marc Jacobs e Vetements que Taylor usou na ousada e rústica sessão de fotos do álbum. Seu estilo ultrafeminino anterior foi substituído por silhuetas mais duras, mais audaciosas e largas em preto, verde-oliva e padrão camuflado. Um território completamente inexplorado, diferente de tudo que já tínhamos visto da Taylor, mas que sem dúvidas era resultado da crítica sem precedentes e dos conflitos públicos com celebridades que ela vivenciou no verão de 2016. Foi como assistir à reencarnação de uma popstar: um funeral com tapete vermelho para o estilo menininha do passado, e o renascimento de uma potência.

Se é necessária mais alguma prova de que, de fato, a vida imita a arte e que o estilo de Taylor não é um espelho, mas uma extensão de sua carreira, basta olhar para suas eras mais recentes, mais próximas aos anos 2020. Ao mesmo tempo que ela assina com uma nova gravadora que lhe garante todos os direitos sobre sua obra futura, também começa, pela primeira vez, a cuidar do próprio estilo. Vemos Taylor mergulhar na estética *cottagecore*, o "country chique", e estilizar seus cachos naturais em coques duplos ou em uma simples e única trança. Ela também se debruça sobre a aura rural britânica: misteriosa, melancólica e distante de olhares indiscretos. Há raros registros de suas aparições públicas, capturas difusas e analógicas feitas por um fotógrafo de confiança. Seu closet foi reduzido a alguns casacos de lã chiques, assinados por Stella McCartney, combinados com vestidos vitorianos de babados e botas de solado grosso Dolce & Gabbana — um visual confortável e despreocupado, em paz com a pessoa que ela é e com o poder que ela tem.

Durante todo esse tempo, venho documentando todos os seus maiores momentos no tapete vermelho — e também os menores, mas não menos significativos, momentos intermediários. Vejo o estilo de Taylor como uma extensão natural da sua música, como uma contrapartida visual de suas letras. Meu objetivo é interpretar o subtexto de suas roupas com o mesmo nível de especificidade que ela comunica em suas músicas.

E, tão importante quanto, daqui em diante, *when you hear "Style", I hope you think of me.*

Parte I

UM ADORÁVEL COMEÇO PARA A QUERIDINHA DO COUNTRY

Taylor

1

Taylor Swift

A CONSTRUÇÃO DE UM NOME

Taylor Swift chegou ao cenário musical em 2006, com seu álbum country homônimo. Quando seu single de estreia, "Tim McGraw" — um título inteligente, fazendo referência a um dos artistas country mais famosos do momento —, começou a tocar nas rádios, esse deveria ser o primeiro indicativo para a indústria de que estavam diante de uma gênia do marketing.

Mas a chegada de Taylor ao mundo se deu 17 anos antes, na Pensilvânia. Em 13 de dezembro de 1989, um dia tranquilo e frio, Andrea Swift, executiva de marketing de fundos de investimento, e Scott Swift, corretor da Merrill Lynch, deram as boas-vindas à sua primeira filha, Taylor Alison Swift. Os primeiros anos de vida da pequena Taylor lhe inculcaram um amor eterno pelo Natal — uma extensão natural de ter nascido durante o inverno e crescido em uma fazenda de pinheiros natalinos. (Sim, isso é verdade.)

Sua próxima paixão mais significativa logo veio à tona. Quando Taylor tinha 12 anos, um técnico de informática que consertava o computador da família Swift (uma relíquia encantadora daquele tempo) viu um violão em seu quarto. Esse homem lhe ensinou alguns acordes, e o resto, como dizem, é história. Taylor estudou violão até os dedos sangrarem e continuou treinando até formar calos. Ela logo descobriu que tocar violão não era suficiente — compor músicas era ainda melhor. Seus contos e poemas escritos na época de escola, cheios de sonhos de criança e repletos de sentimento, ganharam vida através de um novo meio: a composição.

O hobby se tornou uma obsessão. Taylor começou a fazer viagens com a mãe, Andrea, para Nova York e Nashville, onde distribuía suas demos gravadas em casa para qualquer gravadora que estivesse com as portas abertas e tivesse uma recepcionista gentil. Depois, acreditando profundamente nos talentos da filha ou talvez apenas cedendo a pedidos intermináveis, toda a família Swift se mudou da Pensilvânia para ficar mais próxima do coração da cena musical country: Nashville, Tennessee.

Embora o florescimento de Taylor como compositora tenha acelerado a mudança da família, os Swift fizeram o possível para diminuir a pressão sobre a filha pré-adolescente. “Eu nunca quis impor a ideia de ‘fazer acontecer’”, explicou Andrea à *Entertainment Weekly*. “Seria horrível se nada acontecesse e ela tivesse que carregar uma culpa ou pressão dessas. Sempre lhe dissemos que seu sucesso não tinha relação alguma com colocar comida na nossa mesa nem com realizar nossos sonhos. Sempre haveria um plano B para voltar à vida normal se ela decidisse que não queria mais continuar nessa busca. E é claro que isso foi como lhe dizer ‘Se você quiser parar de respirar, tudo bem, então’.”

A aposta, entretanto, se revelou acertada pouco tempo depois, quando Taylor assinou um contrato de desenvolvimento e experiência de um ano com a RCA Records como compositora — a mais jovem já vista entre os profissionais do selo, com apenas 13 anos. Alternando entre a escola e a sede da gravadora, durante o dia ela aprendia álgebra e biologia e à noite escrevia músicas com pessoas com o dobro ou o triplo de sua idade. Ali, Taylor começou a estabelecer conexões que seriam úteis para sua carreira no country, incluindo uma parceria com Liz Rose, com quem futuramente veio a dividir os créditos de composição de sucessos icônicos como “You Belong with Me”, e também o que muitos consideram a obra-prima da cantora, “All Too Well”, uma balada intensa de cinco minutos e meio (regravada quase uma década depois com impressionantes dez minutos) do álbum *Red*, de 2012.

Pequena Miss Americana. Uma das primeiras apresentações de Taylor, quando perseguir seu sonho musical traduziu-se na cobiçada oportunidade de cantar o hino nacional dos Estados Unidos na abertura de um jogo esportivo local. Na foto, aos 13 anos, ela fez isso para o Philadelphia 76ers em uma partida contra o Detroit Pistons. Admiro o compromisso de Taylor em ser a "melhor aluna em qualquer situação" — que, na imagem, se traduz no patriotismo exagerado presente no look.

No fim do contrato de um ano, em vez de renová-lo por mais um curto período, Taylor deixou a RCA, preferindo apostar em quem também quisesse apostar nela. Esse alguém foi Scott Borchetta, que em 2006 estava deixando a Universal para lançar sua própria gravadora, a Big Machine Records.

Scott ouviu Taylor pela primeira vez em uma sessão acústica no Bluebird Cafe — um reduto famoso em Nashville por sua proximidade e atenção cuidadosa com músicos. Um dos pontos de encontro mais conhecidos da "Music City", o Bluebird lançou célebres artistas country, entre eles Vince Gill, Keith Urban e, claro, Taylor Swift. Mas na época, mal sabia ela, o que a vida lhe reservaria.

Passando a fazer parte do rol de Scott, Taylor se tornou a primeira artista a assinar com a Big Machine Records. Ao longo de dez anos, ela lançou seis álbuns de estúdio pela gravadora e se transformou de queridinha do country para uma icônica superstar do pop.

Em 2006, o conto de fadas de uma compositora iniciante em Nashville começou a tomar forma — assim como, obviamente, seu estilo pessoal.

Oi, eu sou a Taylor

O álbum de estreia de Taylor estabeleceu a base para seu talento como compositora, e em termos visuais instituiu sua identidade no cenário musical. Sua habilidade inata de perceber pequenos detalhes e encontrar beleza no mundano capturou um poderoso microcosmo da experiência jovem feminina, ressoando de maneira única com outras adolescentes. De muitas formas, esse álbum definiu o desenho de toda a sua carreira.

Mesmo hoje em dia, tantos anos depois, as canções de Taylor são com frequência chamadas de "diarísticas". Mas, ao mesmo tempo que de fato existe um inquestionável tom de intimidade em suas letras, igualar seu lirismo sofisticado às páginas do diário de uma adolescente é diminuir sua habilidade estratégica de composição. Não há nada de circunstancial em um gancho ou na escolha de uma palavra. Assim como seu estilo, a maneira com que Taylor lida com as palavras é intencional e cuidadosamente trabalhada.

Seu single de estreia, "Tim McGraw", lançou-a não apenas como compositora e uma nova fashionista, mas também como uma experiente marqueteira com visão a longo prazo. Unindo seu nome a um dos maiores artistas da época, ela criou uma abertura instantânea para entrevistas, assim como um intrigante acesso para ouvintes de country que queriam escutar coisas novas. Eu mesma me incluo nisso. Ainda me lembro nitidamente de topar com essa música no LimeWire (uma plataforma de música antiga e altamente questionável, que oferecia 50% de chances de você baixar a música nova que você queria e 50% de ser um vírus letal para o seu computador) e ficar muito curiosa. A música traz todas as assinaturas de composição de Taylor — uma faixa confessional ancorada em detalhes altamente pessoais, o que faz com que a canção, de uma forma única, seja muito íntima, mas também universal. Como outras adolescentes tempos atrás, Taylor usava o MySpace para compartilhar coisas da vida. Acontece que a vida dela incluía vlogs caseiros sobre seu tempo na estrada e conversas com fãs da sua idade sobre a música que estava produzindo.

Informações pessoais semelhantes sobre o esforço de Taylor no início de sua trajetória profissional podem ser encontradas em outros lugares. O trauma dos almoços solitários e a busca por conexão e identidade tiveram seu primeiro vislumbre em "The Outside" e "A Place in This World". Ela introduz, então, elementos poéticos que ressurgiriam em sua obra — como a chuva na impecável (e minha favorita) "Cold as You", e o horário sagrado das duas da manhã em "Mary's Song (Oh My My My)". Taylor amplia sua visão de mundo para incluir reflexões sobre as experiências de personagens secundários em sua vida (o que possivelmente se deve ao fato de essas experiências atingirem um ponto sensível que ela ainda não estava pronta para tratar em primeira pessoa), como o distúrbio alimentar de uma amiga em "Tied Together with a Smile", ou o encontro fofo de seus vizinhos idosos quando eram crianças, também registrado em "Mary's Song" (um protótipo lírico "dois em um"). Enquanto isso, os grandes e explosivos singles "Picture to Burn" e "Should've Said No" foram como uma prática de tiro ao alvo musical, os primeiros exemplos de quão afiada sua caneta podia ser quando apontada para aqueles que a fizeram se sentir injustiçada. Nas performances ao vivo, Taylor fazia uma introdução a essas canções, dizendo: "Antes de cantar essa música, sempre acho melhor dizer à plateia que eu realmente tento ser uma pessoa boa, mas se você partir meu coração, ferir meus sentimentos ou for ruim para mim, vou escrever uma música sobre você. Esta aqui é um perfeito exemplo disso." Sua inclinação para letras conversacionais e ganchos viciantes com um toque pop se destaca na última faixa do álbum, "Our Song". Escrita originalmente para uma apresentação do show de talentos no primeiro ano do ensino médio, a canção conduzida por um banjo ficou no topo da lista Hot Country Songs da *Billboard* por seis semanas e fez de Taylor a compositora solo mais jovem com uma música no primeiro lugar. Um tanto atrevida, ela comentou que escolheu intencionalmente essa música para fechar o álbum porque o coro no final era uma forma subliminar de convidar os ouvintes a tocar o álbum de novo. "Our Song" foi feita para preencher a lacuna de um casal que não possui uma canção perfeita para chamar de sua. E, de alguma maneira, também serve para evidenciar os princípios básicos desse álbum de estreia: uma mentalidade "faça você mesmo" que diz que, se o material disponível não se encaixa, você deve começar do zero e refazer tudo de acordo com o que você quer.

"Eu realmente tento ser uma pessoa boa, mas se você partir meu coração, ferir meus sentimentos ou for ruim para mim, vou escrever uma música sobre você."

A arte de vestir o personagem

No refrão de "Tim McGraw", Taylor diz a todos para pensarem nela quando pensarem naquele clássico item que toda garota deveria ter no armário: o vestidinho preto (o jeans desbotado também é um item básico, mas vamos focar o vestido). Vestidos se tornaram um componente-chave do seu estilo desde cedo. Vestidinhos estampados, especificamente. E, ainda mais especificamente, vestidinhos estampados combinados com botas de caubói. Essa fórmula de moda bem particular e fácil de reproduzir proporcionou combinações infinitas. No começo da carreira, trabalhar uma identidade reconhecível era vital, e esse conjunto criou uma marca visual sucinta que comunicava o lugar de Taylor no mundo. Como uma equação matemática, a fórmula era: vestidinho + botas de caubói = menina adolescente + estrela do country. (Se matemática fizesse tanto sentido para mim quanto moda, acho que teria me saído melhor em álgebra no ensino médio.) A combinação se provou a essência das características visuais mais evidentes de Taylor, mesmo se você não tivesse ouvido nenhum verso de suas composições.

Na época, ela de fato não tinha outros contemporâneos que cantassem do ponto de vista de uma adolescente tentando se conectar com outras adolescentes. Na música country, seus pares eram na maioria homens adultos que versavam sobre as preocupações da classe trabalhadora. Seu currículo fazendo shows de abertura deixa isso bem claro, acumulando uma coleção de créditos country ao tocar para multidões que estavam ali para ver George Strait, Rascal Flatts, Tim McGraw e Brad Paisley. No outro extremo do espectro, as mulheres da música pop não escreviam para as adolescentes: na verdade, elas brincavam com a fantasia masculina relacionada a essas adolescentes. Enquanto a ideia da "adolescente colegial" se tornou um fetiche em videoclipes como "... Baby One More Time", de Britney Spears, foi revolucionário, e um grande contraste, o fato de Taylor abraçar sua autenticidade e realmente ser uma estudante e se vestir como tal. Seu cabelo cacheado também a estabeleceu como um ponto fora da curva numa indústria que favorecia cabelos lisos — pela primeira vez alguém fazia ter cachos parecer legal, chegando até a despertar em outras garotas o desejo de copiá-los. Eu mesma me lembro de passar horas com um modelador de cachos ou de dormir com a cabeça cheia de bobes desconfortáveis para forçar meu cabelo liso a ter lindos cachos como os dela.

De certa forma, o uniforme de Taylor não apenas estabeleceu seu lugar, mas também funcionou como um escudo que a confortou em seu isolamento. Em entrevista à *Vogue* em 2012, ela descreveu como se sentia solitária ao correr atrás de seus sonhos. "Assim que terminei a escola, quando tinha 16 anos, tudo que importava para mim era a música e este sonho que carreguei comigo a vida toda. Nunca liguei para o fato de as pessoas na escola não gostarem de country e rirem de mim por isso, embora eu fizesse questão de não me vestir como todo mundo naquela época. Em algum momento, eu só pensei: 'Eu gosto de usar vestidinho com botas de caubói.'" Não se tratava apenas de criar uma identidade para o mundo, mas também de provar a si mesma, como uma validação pessoal de que seus sonhos musicais seriam realizados.

Taylor optava por vestidos mais leves e femininos, de cores vibrantes que chamavam a atenção no palco e quase sempre no estilo boneca ou com corte em A, peças apropriadas para a sua idade e que geralmente iam até o joelho. Era um visual que realçava sua juventude e a tornava mais disponível, identificável e acessível. Em vez de ser imediatamente sugada por grifes, na maioria das vezes ela escolhia vestidos de marcas mais populares como BCBG MAX AZRIA. Essas peças poderiam ser facilmente encontradas nos armários de muitas adolescentes pelo país, que consideravam peças grifadas "chiques" e formais demais para sua faixa etária.

“Combinar um vestido com botas de caubói confere certa ironia agradável ao look.”

Essas botas foram feitas para o branding

Enquanto os vestidos cumpriam seu papel em comunicar a feminilidade juvenil de Taylor, as botas de caubói diziam "Siiiim, eu canto música country". Nada muito sutil ou poético, mas passava o recado.

"Combinar um vestido com botas de caubói confere certa ironia agradável ao look", disse Taylor à *Life & Style* em 2009. Entendi exatamente o que ela quis dizer. Existe uma justaposição inerente entre a natureza feminina de um vestido e a energia forte e rústica de uma bota de caubói. Juntos, esses elementos um tanto desiguais foram o símbolo da própria Taylor, uma jovem cantora doce e sincera, cujas letras contundentes poderiam dar um chute mais forte do que uma bota com esporas.

Entre suas marcas preferidas naqueles anos estavam Old Gringo e Liberty Boots, principalmente pelos vários tons desgastados de couro preto e marrom — Taylor tinha, inclusive, um par de couro de cobra. Enquanto lembrete provocativo de sua juventude, um de seus pares da Liberty se destaca: vermelho vivo contrastando com a biqueira preta. Mas o elemento que mais chamava a atenção era a caveira estampada na frente de cada pé, enfeitada com um laço rosa-claro. O detalhe final? Os dizeres "Rock On" em uma típica fonte punk rock bordados na parte de trás. Numa época em que os apliques cor-de-rosa da Avril Lavigne, olhos com lápis Kajal e a estética skater punk reinavam soberanos entre as meninas, essas botas em particular atuaram como a versão country para a rebeldia adolescente.

Taylor falou em entrevistas sobre como algumas de suas lembranças mais formadoras da juventude têm a ver com solidão e isolamento. A canção "The Outside", do álbum *Taylor Swift*, fala bem sobre isso. À EW em 2008, ela comentou que a música falava "sobre o sentimento mais assustador que eu já tive: ir para a escola, andar pelo

Comprometida até demais. Para sua primeira aparição no prestigioso Academy of Country Music Awards, Taylor se manteve fiel ao seu uniforme. O vestido de múltiplas estampas era, claro, da BCBG MAX AZRIA — uma de suas marcas de vestidos preferidas na época —, combinando com botas BCBGIRLS. A estampa floral, os cachos escovados e a bainha esvoaçante se juntam para formar um look muito leve, acessível e jovem. As cores do vestido são um complemento inteligente ao painel de fundo e ao tapete vermelho, de modo que sua estreia no prêmio parece suave, em vez de gritar por atenção. As argolas enormes com lantejoulas me lembram da época em que os colares de concha puka eram populares.

corredor olhando para todos aqueles rostos, e não saber com quem falar naquele dia". Ela continuou: "As pessoas sempre perguntam 'Como você teve coragem de ir atrás de gravadoras quando tinha apenas 12 ou 13 anos?' Tive coragem porque nunca senti na indústria musical a mesma rejeição que senti no ensino médio." De alguma forma, suas botas "Rock On" eram uma referência sobre um dia ter sido excluída, porém agora assimilando completamente o rótulo. Foram justamente suas peculiaridades que a conduziram ao palco e tornaram possível o sentimento de conexão que faz com que seus fãs se sintam como seus amigos. "É tão legal estar sentada no meu ônibus de turnê vendo essas meninas virem aos meus shows de vestido e botas de caubói", disse ela à *Country Weekly* em 2008.

(À ESQUERDA) No final dos anos 1990 e início dos anos 2000, o programa *Total Request Live* era a Meca da experiência musical teen. Transmitido pela MTV, o *TRL* popularizou o ranking de videoclipes e desempenhou um papel fundamental no incentivo à votação on-line para eleger a música mais popular do dia. O formato tinha fãs fervorosos, o que sem dúvida influenciou no lançamento de muitas carreiras da era das boy bands ('N Sync e Backstreet Boys), das princesas do pop (como a Britney Spears) e das estrelas do rock (Green Day, Good Charlotte). Era o dia de semana *teen* equivalente às manhãs de sábado com desenhos animados: um programa a que todo mundo tinha que assistir depois da escola, que mantinha os adolescentes informados sobre as novidades no mundo da música e uma das raras oportunidades, numa era anterior às mídias sociais, de ver seus artistas favoritos, sem filtro. Durante uma semana apresentando o agora extinto *TRL*, Taylor manteve sua fórmula testada e aprovada de vestidinho com botas de caubói — ela seguia comprometida com sua estética country mesmo se promovendo fora desse nicho musical. Taylor optou por peças repetitivas porém reconhecíveis, com vestidos frente única com estampas discretas e botas. Aquele tom específico de verde-azulado ficaria marcado para sempre na minha memória como um look da sua era de estreia.

(À DIREITA) No American Music Awards de 2007, quando Taylor foi tirada da segurança proporcionada por seu público cativo na música country, este conjunto preto atende silenciosamente às características do seu estilo de estreia, ainda que de uma maneira mais refinada, menos obviamente "country" para o público geral. Gosto de como o vestido de decote halter, de Catherine Malandrino, transmite um ar doce e jovem, mas os recortes trazem uma coloração country. Acho que um penteado meio preso com uma fita de cetim daria um belo toque final, mas também respeito que os cachos sejam para Taylor como uma versão do Bat-sinal: uma assinatura instantânea que faz com que todos estejam cientes da sua presença.

Taylor
Swift

Taylor

Eu, eu mesma e minha marca

Fazia sentido que Taylor quisesse reforçar o uso de seu nome sempre que podia. Ela escolheu cuidadosamente acessórios e itens de moda com seu nome estampado, promovendo-se como uma nova artista que buscava (literalmente) fazer o próprio nome na música country.

A marca de violão usada na época era a Taylor Guitars. Todo instrumento que ela dedilhava tinha seu nome gravado no braço ou na cabeça, quase sempre em um madrepérola de saltar aos olhos. "Quando estou tocando violão e as pessoas veem Taylor gravado no instrumento, não é porque eu fabrico violões... É porque *ele* fabrica", brincou Taylor certa vez em uma conferência da Taylor Guitars em 2008. O "ele" se referia ao fundador e *luthier* da marca, Bob Taylor.

(À ESQUERDA) A chave para se tornar um nome conhecido é, primeiramente, fazer com que as pessoas se lembrem do seu nome. A cor suave, o comprimento comportado e os babados do vestido azul BCBG MAX AZRIA continuam assinalando todos os itens na lista da adolescente doce e acessível. Sua escolha de acessórios, porém, funciona como um inevitável cartão de visitas da música country. Botas da Liberty customizadas com seu nome. E, é claro, o violão Taylor de madeira koa com seu nome convenientemente gravado. Mesmo que você não tivesse a menor ideia de quem ela fosse, mesmo sem uma legenda (como esta!), seria capaz de deduzir que aquela jovem era uma cantora country chamada Taylor Swift.

(À DIREITA) Apresentar seu single de estreia, "Tim McGraw", no palco do Academy of Country Music Awards de 2007 foi bem intimidador. Para aumentar ainda mais a pressão, Taylor cantou diretamente para o homem que dava nome à canção. Durante a performance, ela desceu do palco até a primeira fila de convidados e, enquanto seu dedilhado final no violão ecoava, estendeu a mão e se apresentou formalmente ao próprio McGraw com um destemido "Oi, eu sou a Taylor". Este figurino em particular combina muitos traços de seu estilo de estreia. O violão Taylor 12 cordas, de madeira koa, era seu instrumento mais característico, sua assinatura — um cartão de visitas que mantinha seu nome literalmente próximo ao coração. O vestido tomara que caia, com a parte inferior em franja de penas, é fofo e jovem (e uma lembrança encantadora dos anos 2000, caso o microfone estilo Britney Spears não faça o serviço completo), o branco evoca inocência, pureza, ao passo que o brilho sutil é um indicativo do estilo princesa que ela em breve passaria a preferir. A junção com essas botas de caubói de pele de crocodilo, entretanto, passa claramente a mensagem "sou uma artista country".

Usar esses violões era uma espécie de publicidade integrada para Taylor, que normalmente preferia os instrumentos da marca feitos de madeira koa, pois imprimiam um visual mais característico no palco. Para fortalecer ainda mais o relacionamento com a Taylor Guitars, Swift virou garota-propaganda no site da marca e tocou em eventos como embaixadora. Em uma entrevista de 2008, Bob Taylor falou bastante sobre a relação de trabalho natural que se estabeleceu entre Taylor Swift e sua empresa: "O que nos deixa muito animados é o fato de trabalharmos com diversos artistas, e quando estão iniciando a carreira eles também ficam animados de se envolver com o fabricante dos violões que usam. Acontece que, conforme vão ficando mais famosos, passam a se preocupar com coisas maiores e melhores. Mas a Taylor nunca se esqueceu de nós."

Em 2009, Swift e Taylor Guitars uniram forças para desenvolver seu próprio modelo de violão, o Baby Taylor — uma homenagem ao primeiro violão infantil no qual ela própria aprendera a tocar. "Eu queria compartilhar minha paixão com meus fãs", disse ela no lançamento do Baby Taylor, e lembrou-se com carinho: "Costumava me sentar no banco de trás do carro alugado enquanto dava entrevistas para emissoras de rádio aos 16, compondo com meu Baby Taylor." Além da logo da Taylor Guitars, essa versão obviamente carregava o nome da cantora, "Taylor Swift", com um desenho de rosas e sua então assinatura, "Love Love Love", em formato de arco em torno da boca do instrumento.

Taylor não via problemas em seguir o caminho da personalização. Um dos meus acessórios favoritos da era de estreia era um par de botas Liberty azul-claro, customizado com corações e flores — um símbolo fashion de sua sinceridade afetiva — *wearing her heart on her sleeve* —,[2] assim como ela faz com sua música. Sobre cada coração, numa espiral de faixas espelhadas, surge seu nome: "Taylor" (em um pé) e "Swift" (no outro), no estilo daquelas tatuagens de coração flechado encontradas no bíceps protuberante de um cara qualquer.

Eu era jovem e precisava daquela roupa

Muito do estilo de estreia de Taylor se dedicava a estabelecer um precedente e um tom. E as notas que ela atingiu com uma consistência absurda foram: jovem, extremamente fofa e perfeita. Para suas apresentações e aparições em público, a combinação testada e aprovada de vestidinho + botas seguia funcionando bem. Mas, para ocasiões mais formais, como o tapete vermelho, o estilo mudava para adolescente a caminho do baile de formatura.

---

[2] Referência à letra da música "A Place in This World". Em tradução livre, "demonstrando abertamente seus sentimentos". (N.E.)

O novo rosto recém-chegado ao CMT Music Awards de 2007 posa com o sinal de paz e amor para o público. Taylor usava um vestido tomara que caia BCBG MAX AZRIA brilhante, um lindo look de festa, digno dos 15 anos de qualquer garota, e mantinha o habitual excesso de acessórios. Posso imaginá-la colocando mais uma pulseira só para "completar" o look bem na hora de sair. Sua pequena concessão à rebeldia da adolescência foi desenhar um coração no pé com caneta permanente (seu pai era taxativo ao proibir tatuagens), além do colar de caveira extremamente punk rock. Também estava presente a pulseira de couro "Love Love Love" que ela usava o tempo todo e que estava à venda como *merch* (tenho a minha até hoje em alguma gaveta por aí).

Talvez essa mudança fosse apenas uma forma de permitir que a adolescente vivesse a fantasia da sua grande noite dos tempos de escola apesar do status de mais nova estrela do country. Ou talvez fosse uma tática para enfatizar a doçura e o caráter acessível da artista. Dada sua inteligência, com certeza posso imaginar que ambos os fatores trabalharam em conjunto a seu favor.

Apesar de adolescente, Taylor tinha uma visão nítida de como queria se mostrar ao mundo e fazia isso através de suas composições, é claro, mas também das roupas que usava. No começo da carreira, no entanto, ela ainda não tinha notoriedade suficiente para atrair o interesse de designers famosos. Enquanto o dono da gravadora, Scott Borchetta, tomava as rédeas do lado musical para promover o trabalho de Taylor em todos os lugares certos dentro do círculo country, a esposa de Scott, Sandi Spika, na ausência de um stylist profissional, passou a assessorar a jovem estrela.

Sandi desenharia vários vestidos para Taylor no início da carreira da cantora, todos mantendo o visual bufante e com corpete que lembrava os vestidos de baile exagerados da época. Olhando em retrospecto, o efeito é quase encantador — se não constrangedor. Traz aquela nostalgia gostosa de quando fazemos uma careta olhando as fotos do álbum de formatura de ensino médio de alguém. Para o portal Yahoo!, em 2013, Taylor comentou com bastante perspicácia: "Comecei a percorrer tapetes vermelhos quando tinha 16 anos. Acho que perdi tantos bailes na escola que eu queria usar vestidos que parecessem feitos para essa ocasião."

Para mim, o vestido de Sandi Spika mais memorável e cheio de significados foi usado por Taylor no dia 7 de novembro de 2007, no Country Music Association Awards. Era a segunda vez de Taylor no prêmio — seu álbum de estreia tinha sido lançado apenas 13 meses antes —, e ela estava sendo indicada na categoria Horizon Award. "Este é um prêmio que significa que você realmente chegou à música country", disse a apresentadora Carrie Underwood, vencedora da categoria em 2006. Taylor, naturalmente, foi a indicada mais jovem, ao lado de artistas como Kellie Pickler, Jason Aldean e Little Big Town.

Lindo, mas datado. Em 2007, uma Taylor adolescente recebeu seu primeiro prêmio concedido pela Country Music Association usando um vestido tipo baile de formatura, desenhado por Sandi Spika — esposa do então dono da Big Machine Records, Scott Borchetta. O problema é que o tom específico de amarelo-claro não combina muito com seu tom de pele e de cabelo e criou o que eu chamaria de "efeito tablete de manteiga de alta-costura". Mas, a meu ver, o duplo golpe final que atinge os olhos vem do corpete cravado de pedras e do tecido brilhoso da saia. Os drapeados me transportam vividamente para um episódio de *O vestido ideal* do início dos anos 2000.

Quando Carrie anunciou seu nome como vencedora, Taylor, já de olhos marejados, agarrou a saia do vestido amarelo-claro e abriu caminho para o palco, abraçando a mãe e depois seu colega e também indicado Rodney Atkins antes de subir os degraus e correr para pegar seu prêmio. O corpete do vestido com cintura levemente baixa (personalizado, é claro) tinha estrutura pesada e era amarrado nas costas com fitas — um clássico da moda das formaturas dos anos 2000 nos Estados Unidos.

"Esse definitivamente é o ponto alto do meu ano de formatura."

O discurso, feito em sua voz adolescente, sempre me faz chorar. Ganhar o prêmio era, como Carrie observara com perspicácia, uma carta de aceite formal da música country, indicando que Taylor havia entrado para a indústria, e também um símbolo de que todo o seu esforço estava começando a render frutos. "Nem consigo acreditar que isso esteja acontecendo", disse ela sem fôlego, muito emocionada, segurando o troféu com mãos trêmulas. Ainda incrédula, continuou: "Quero agradecer à minha família por ter se mudado para Nashville para que eu pudesse conquistar isso... e quero agradecer à rádio country. Nunca vou esquecer que apostaram em mim." O orgulho de fã que eu senti ao ver seus sonhos mais puros de fazer sucesso na música country sendo realizados me deixou emocionada.

"Esse definitivamente é o ponto alto do meu ano de formatura", disse ela aos soluços, emocionando a multidão e fazendo todos rirem.

No CMT Music Awards de 2007, Taylor homenageou sua música "Teardrops on My Guitar" trajando o mesmo vestido Sandi Spika que ela usou no clipe. Como não amar uma fashionista que consegue ser criativa dentro do orçamento? As tiras esvoaçantes em volta dos braços acrescentam um ar de extravagância e de suavidade, especialmente por amplificar o efeito cascata tão característico de seus cachos. Verde-mar brilhante, com uma cauda dramática e longa — o único vestido possível para chorar na cama enquanto as lágrimas caem cinematograficamente sobre seu violão, certo?

CMT
CMT
CMT
07 MUSIC
AWARDS
CMT
CMT
CMT
07 MUSIC
AWARDS
CMT
CMT
CMT
07 MUSIC
AWARDS

Sem uma equipe de styling trabalhando para conseguir peças das últimas coleções de marcas famosas, a principal designer do guarda-roupa de Taylor durante a era de estreia foi Sandi Spika, esposa do dono de sua gravadora. Além da conveniência de manter as coisas "em família", Sandi tinha um histórico consistente trabalhando com ícones femininos da música country — entre eles Faith Hill, Trisha Yearwood e Reba McEntire. Seu vestido mais famoso, usado por Reba no CMA de 1993, ficou conhecido simplesmente como "O Vestido Vermelho". Com um decote profundo e transparência no colo e nas mangas causou alvoroço em Nashville, já que o vestido foi considerado um tanto escandaloso para a época. Certa vez, Sandi revelou, em tom de brincadeira, ter pensado que aquele design atrevido a faria ser demitida. Trabalhando com Taylor no início de sua carreira de cantora, Sandi personalizou suas criações de modo a se tornarem mais apropriadas para a idade da artista e para que lembrassem o vestido de formatura de uma adolescente — como os que Taylor usou em sua primeira ida ao Grammy Awards, em 2008, e no Academy of Country Music Awards de 2007. Os tecidos brilhosos, o corte de cintura baixa, a estrutura, os espartilhos — tudo evocava certa energia de "estou dentro da limusine indo para minha primeira valsa". Mas, em vez do tradicional corsage de formatura, Taylor fez um belo upgrade de mais de trezentos mil dólares em joias Tiffany & Co. para sua primeira aparição no Grammy.

ACADEMY
of COUNTRY MUSIC
awards
MGM GRAND
LAS VEGAS

2

Fearless

A PRINCESA PERFEITA DO POP

Para uma artista, especialmente uma que fez tanto barulho em sua estreia no show business, existe um equilíbrio delicado entre a empolgação com o primeiro ano de sucesso e a imensa ansiedade gerada pela estratégia de carreira para o ano seguinte. Quase mais importante do que a estreia em si, estar preparado para ultrapassar a crise do segundo ano de trabalho é um fator decisivo para consolidar o status de um artista na indústria. Foi assim com o segundo álbum de Taylor, *Fearless*, lançado em 2008, quando vimos o começo de muitos dos padrões que viriam a definir a etapa seguinte de sua carreira — tanto na música quanto, é claro, em seu estilo.

Tendo estabelecido suas raízes como uma artista country, o segundo álbum — e era — de Taylor Swift simboliza sua lenta transição para um público mais amplo, mais convencional e mais ligado à música pop. O instrumental com banjo do single principal do álbum, "Love Story" — um *Romeu e Julieta* moderno e cheio de reviravoltas —, mantinha um toque de tempero country para satisfazer seus fãs. No entanto, uma versão alternativa também foi lançada em paralelo, desprovida de qualquer sinal de um ousado charme sulista. O banjo foi substituído por uma percussão mais aguda e nítidas guitarras elétricas, em um remix que atendia às rádios de música pop. A menos que você tenha vivido em uma caverna ou nunca tenha sido convidado para um casamento desde 2008, com certeza sabe que "Love Story" veio a se tornar o que hoje é definido como o grande sucesso *crossover* de sua carreira. Os sinais estavam claros quando a canção alcançou o primeiro lugar nas paradas tanto de música country quanto de música pop, derrubando o recorde de Shania Twain de 1998 como o maior *crossover* country por "You're Still the One". Até o momento em que escrevo este livro, "Love Story" alcançou a marca de 8x Platina nos Estados Unidos, empatado com "Blank Space" como o segundo single mais certificado de Taylor ("Shake It Off" é seu single número um, único com certificação Diamante).

Muitos já estavam fazendo as apostas de até quando a música country se beneficiaria da energia e da juventude de Taylor antes que ela abandonasse o barco de vez para se dedicar totalmente ao pop. Um artigo da *Entertainment Weekly*, documentando sua ascensão no segundo trabalho, observou: "Será que os fãs de música country e produtores musicais — que tendem a ser um pouco territorialistas — podem esperar manter [Taylor] para si?" E ainda levantaram a seguinte questão: "Será que o sucesso do *crossover* pop vai chegar até ela?" Jogando na retranca com muita perspicácia, Taylor foi rápida em caracterizar seu sucesso multigênero como um "transbordamento", não um *crossover*. Ela repetiria essa frase em diversas entrevistas a estações de rádio pop e country como parte da agenda de divulgação de *Fearless*. Em uma resenha que elogiava sua força poética apesar das cordas vocais juvenis inexperientes, a revista *Slant* salientou a habilidade de Taylor em estruturar uma canção pop, dizendo que "quase todas as faixas de *Fearless* seguem fórmulas narrativas de sucesso e, com frequência, constroem ganchos de música pop robustos".

(PÁGINA 24) Não seria um show de Taylor Swift se não tivesse brilho e uma jogada de cabelo dramática. Uma parte de mim se pergunta se a capa de *Fearless*, que mostra os cachos de Taylor espalhados, foi de certa forma inspirada por esses momentos mágicos no palco, quando ela provavelmente estava em seu auge de liberdade e felicidade. Deve haver uma baita memória sensorial em cada fio de cabelo dessa cabeça, de alguém aproveitando ao máximo o seu próprio sonho em um único e poderoso movimento. Também imagino que a atração de Taylor por pompons e franjas, como as que se veem no vestido degradê Mandalay, deva criar um estilo consistente entre a jogada de cabelo e seu modo de se vestir. Sem mencionar que tudo no look combina perfeitamente com o brilho do violão.

O terceiro single de *Fearless*, "You Belong with Me", fundamentou ainda mais a façanha de Taylor no pop, tornando-se não apenas o número um na lista geral da *Billboard*, como também o primeiro *crossover* country a ocupar a posição. A letra e o clipe retratam Taylor como a "garota legal ignorada" e não correspondida por um crush do colégio. De tênis, ela observa da arquibancada a líder de torcida popular e idealizada, que usa minissaia e salto alto e é o objeto da atenção do tal crush. No clipe, Taylor interpreta ambas as personagens, usando uma peruca castanho-escura e roupas justas à la *Meninas malvadas* para o papel da gostosa perversa, e vestindo-se como si mesma — porém cumprindo o requisito dos óculos enormes de aro preto — para representar a nerd ansiosa. Embora divertido, esse figurino também era um tanto lúdico, prenunciando sua futura metamorfose fashion e uma dica sutil para os fãs mais observadores de que a "verdadeira" Taylor ainda estava presente sob tudo aquilo.

Essencialmente, *Fearless* sobrepõe o romance e os contos de fadas. Esse álbum validou a ideia da romântica incurável e sentimental — sempre central na identidade de Taylor — em que toda adolescente acredita durante um tempo. Sua temática é simples e ao mesmo tempo radical porque normaliza o rito de passagem para uma idade em que os sonhos de contos de fadas da infância podem se tornar realidade. A ideia de que, após ter seu coração partido na escola, em algum lugar um príncipe encantado espera por você e talvez dê o seu primeiro beijo de amor verdadeiro. *Fearless* também foi o início do que viria a ser uma piada interna na indústria musical — a probabilidade quase certa de que, no último trimestre de todo ano par, Taylor Swift lançaria um novo álbum. O padrão perdurou ao longo de cinco álbuns, durante oito anos.

Assim como sua música começava a assimilar mais elementos do pop convencional para atrair o grande público, seu estilo foi seguindo o mesmo caminho. Os acessórios que haviam servido como âncoras de seu estilo de estreia — como as botas de caubói personalizadas — passaram a ser usados mais moderadamente e junto com novos itens do guarda-roupa, como scarpins metálicos de salto alto (peep toe, com plataforma) e botas de cano longo (pretas, normalmente de couro). Os vestidinhos casuais também ficaram menos frequentes, abrindo espaço para vestidos mais femininos, com brilhos e babados.

Para combinar com o tema de *Fearless*, um álbum que explorou o imaginário romântico dos contos de fadas — falando do amor no sentido figurado ("White Horse") sem deixar de comprovar a existência do amor verdadeiro ("Love Story") —, Taylor costumava interpretar o papel de donzela em perigo ou de ignorada pelo objeto romântico usando figurinos teatrais. Seu estilo começou a ficar mais extravagante, com roupas que evocavam uma visão moderna da era shakespeariana.

Seus amados vestidos de baile de formatura tornaram-se mais sofisticados à medida que designers de luxo passaram a assinar seus looks de tapete vermelho.

Ludwig

Um desses looks em especial, do qual me lembro com carinho, foi usado no Academy of Country Music Awards de 2008 — a noite em que ela recebeu sua primeira estatueta da academia na categoria de Cantora Revelação. A premiação aconteceu seis meses antes do lançamento de *Fearless* e quatro meses antes de o mundo inteiro se encantar com "Love Story". Olhando em retrospecto, o momento também pareceu dar uma pista do que estava por vir.

Os cachos tão característicos deram lugar a um penteado suave mais escovado e — para usar um termo técnico — mais ondulado do que os cachos definidos da era de estreia. O vestido sem alças Marchesa tinha um corpete franzido, com uma saia de chiffon branca que trazia um pouco da fluidez da estética grega. Os únicos ornamentos do vestido eram apliques florais sutis e detalhes dourados no decote em formato de coração. A imagem era mais de uma princesa elegante do que de uma jovem sonhadora do interior. Naquele momento, Taylor havia se distanciado oficialmente da ponta de estoque dos vestidos de baile de formatura.

(PÁGINA ANTERIOR) Este vestido Jenny Packham, usado na abertura da turnê *Fearless* durante uma troca rápida no palco (PRÓXIMA DUPLA, PÁGINA 31), faz uma ponte entre a era anterior, de vestidinhos e estética country, e a era *Fearless*, com vestidos mais eficientes e brilhantes. O aplique de lantejoulas lembra uma camisa de botão com franjas e pompons, mas adaptada para o *estilo* de uma adolescente. A silhueta é bastante familiar (vestidos e botas), mas aqui o efeito é mais elegante e moderno, principalmente se comparado ao padrão caxemira e aos corpetes dos anos anteriores — sobre os quais hoje podemos admitir (com amor) que nos causavam arrepios, e agradecer por terem ficado no passado.

De onde surgiu esse coraçãozinho com as mãos ninguém sabe, mas Taylor definitivamente contribuiu para que o símbolo se popularizasse (em todo caso, agradeço a ela pela conveniência de hoje existir um emoji específico para ele). O gesto se tornou sua assinatura durante a era *Fearless*, exibido nos shows da turnê e em entrevistas para um público feliz em replicá-lo. "O símbolo do coraçãozinho significa algo entre o 'eu te amo' e o 'obrigada'", disse Taylor ao *New York Times* em 2011. "É só um jeito fofo e simples de mandar um recado sem precisar dizer nenhuma palavra." Este vestido Marc Bouwer em particular era uma versão cintilante (e, portanto, aprovada por Taylor) do vestidinho preto clássico. A peça sobreviveu ao banho de chuva artificial de todas as noites de apresentação durante a performance em "Should've Said No", tornada icônica pela primeira vez no Academy of Country Music Awards de 2008 — uma performance tão boa e memorável que sua gravação ao vivo ainda vale como videoclipe oficial. A teatralidade é tão inesquecível que a própria Taylor se atreveu a uma autorreferência, revivendo-a no videoclipe de "Anti-Hero", lançado como single principal de *Midnights*, álbum lançado em 2022.

(PÁGINA SEGUINTE) O que é o ensino médio senão um terreno fértil para histórias de amor dramáticas dignas de uma peça de Shakespeare? O figurino é a pedra angular de *Fearless,* como se vê na coexistência entre uniformes de bandas marciais (feito este de Tommy Keenum, usado na abertura dos show da turnê *Fearless*) e vestidos de baile gigantescos com anáguas de armação que viriam a seguir. O que vemos aqui é a evolução de uma adolescente, da obsessão pelos romances idílicos dos contos de fadas à descoberta de que é simplesmente impossível compará-los à sua realidade de aluna do ensino médio, com paixões não correspondidas. Se as escolhas fashion da primeira era tinham como objetivo criar uma identidade visual, o esforço seguinte de Taylor se concentrou em fantasias. *Fearless* viu Swift, depois de já ter efetivamente comunicado uma identidade visual, começar a se sentir confortável o bastante com a própria imagem a ponto de brincar, fantasiar e interpretar personagens diferentes como forma de ilustrar sua música, uma tendência que ela retomaria posteriormente na carreira, ao explorar linguagens narrativas mais voltadas à fábula.

Para suas apresentações, Taylor adorava incorporar as trocas de figurino no palco. Na turnê *Fearless,* o figurino de "Love Story" era uma releitura moderna de uma das histórias de amor mais conhecidas do mundo. A performance começava com um vestido de baile Aubrey Hyde elaborado e personalizado, ornado com punhos de renda e uma saia estilo anágua — ou seja, um traje digno de um romance de contos de fadas. Sem dúvida, a expertise de Aubrey desenvolvendo os figurinos do Nashville Ballet ajudou na criação dos vestidos teatrais desse período.

Para o *grand finale* da canção, Taylor surge em meio aos dançarinos envolta em fumaça — quase como mágica — em um vestido de noiva Jovani moderno e elegante. O drama e a abordagem sincera e esperançosa da tragédia épica pareciam muito alinhados com a personalidade jovem e irremediavelmente romântica da Taylor daquela era.

Para receber seu primeiro prêmio da Academy of Country Music, Taylor fez uma jogada ousada em sua estratégia fashion, considerando o look do ano anterior, um vestido Sandi Spika personalizado, o trágico modelo baile de formatura. Este Marchesa, embora também sem alças, é elegante e representa uma tradução menos literal dos seus sonhos de princesa. Tudo neste look, do decote ao cabelo, parece mais suave e refinado. O delineador é mais suave, os cachos estão mais difusos. E todos os detalhes extravagantes do corpete, da cauda e da estrutura do vestido Spika passam a um visual discreto, mas não menos majestoso.

Na ocasião, seu emocionado discurso de agradecimento lembrou a todos que ela era apenas uma garota cuja carreira estava prestes a decolar. Em uma fala doce e breve, Taylor disse, com a voz trêmula: "Sou grata a tantas pessoas por este prêmio, mas vou agradecer a apenas uma. Essa pessoa adorava sair para almoçar com os amigos, cozinhar para a família, dormir na própria cama todas as noites, mas abriu mão de tudo para cair na estrada com sua filha de 16 anos." Olhando em meio ao público, ela completou: "Mãe, muito obrigada. Eu te amo. Isso é para você."

Durante a era *Fearless*, Taylor contratou o stylist Joseph Cassell. Ter alguém ocupando esse lugar representa um passo substancial em sua transição de imagem, e até hoje Cassell ocupa o posto na carreira de Taylor. A relação dos dois se estabeleceu através de uma ética de trabalho em comum, pautada na superação. Após deixar a indústria da música em 2008, Cassell, que era diretor musical, concentrou-se em começar seu próprio negócio de consultoria de estilo. Na época, seu agente tinha lhe conseguido um trabalho modesto, passando e vaporizando peças em um set para a sessão de fotos de uma jovem e despretensiosa cantora country. Em uma reportagem de 2013 para o *Hollywood Reporter*, que documentava os stylists mais poderosos do ano, Taylor observou: "Joseph chegou com uma arara cheia de opções e sapatos, o que foi ótimo, porque o stylist contratado para a sessão de fotos tinha mandado muito mal."

Taylor o descreve como alguém que está o tempo todo antecipando suas necessidades ("Ele está sempre dois passos à minha frente"), com múltiplas opções e planos B. Não é de surpreender que duas pessoas muito preocupadas com a previsão de cenários e suas possíveis soluções tenham se dado bem.

Sob a direção de Cassell, o guarda-roupa de Taylor começou a incluir mais peças recém-lançadas nas passarelas. Essas peças se misturavam às marcas populares que Swift já conhecia e adorava, mantendo sua imagem mais acessível e fazendo com cautela a transição de seu estilo para um patamar um pouco mais sofisticado. Com a dedicada supervisão de Joseph, passamos a ver escolhas de estilo mais pensadas, mas que seguiam refletindo o mesmo nível de intenção e cuidado com o visual que já se via na era anterior, mas até então de forma ainda um pouco crua.

O estilo autêntico de Taylor durante o período *Fearless* com frequência incluía modelagens do tipo colegial. Essas roupas de ar juvenil foram uma lufada de ar fresco, devolvendo o típico traje da "colegial", que era extremamente sexualizado na época, ao seu lugar. Em vez de capturar o olhar dos homens, a imagem de colegial transmitida por Taylor era a de uma garota bonita, inteligente e recatada. Itens como sapatos oxford, meias-calças grossas, meias três quartos, saias plissadas, casacos trespassados, blazers e camisas brancas de botão com brasões projetavam uma ideia de juventude e ingenuidade. Era a imagem de uma adolescente que frequenta escolas particulares à la *Gossip Girl*... A única diferença é que essa adolescente também se apresentava no Grammy nos fins de semana. Em uma abordagem high-low, acessórios de grife, como os saltos oxford Christian Louboutin, eram combinados com peças mais acessíveis, como uma bolsa de couro hobo French Connection. Ou uma camisa de botão Ralph Lauren junto com uma saia em cambraia e um chique par de botas de couro cano longo. Uma blusa poá Bassike simples foi promovida ao figurar junto com uma saia flippy Ted Baker, um blazer cropped Hanii Y e salto. Esse tipo de combinação "casual de luxo" permanece até hoje e é parte do que faz o estilo de Taylor algo tão interessante de se observar (e possivelmente de se replicar, para alguns fãs). Trata-se de um equilíbrio cuidadoso que, ao mesmo tempo que mantém seu estilo, é ambicioso e fácil de imitar.

Music
Power

Acessórios, Forever & Always[3]

Entrar em uma nova fase da carreira tomou um rumo mais literal conforme Taylor foi reformulando seus calçados de forma cuidadosa e consciente. As pesadas botas de caubói que se tornaram sua marca, tanto nos palcos quanto fora deles, cederam espaço para um modelo de couro mais elegante para apresentações e para o salto alto nas demais ocasiões. O salto foi um divisor de águas; essa simples escolha de acessório salientava a confiança crescente de Taylor, sua curiosidade e também o desejo de estabelecer uma nova identidade e causar uma primeira impressão mais feminina. Em uma entrevista para a *InStyle* em 2009, ela disse: "Passei por uma fase em que não usava [salto alto] porque me sentia uma girafa. Agora amo usar." Mais um exemplo da metamorfose do country para o pop.

(PÁGINA AO LADO) O sapato peep toe plataforma, normalmente a cargo de Christian Louboutin ou Jimmy Choo, combina perfeitamente com minivestidos com decote coração como este da foto. Qualquer adolescente com acesso limitado a grifes adoraria a chance de fazer esse tipo de transição — como se um jogo sobre se vestir ganhasse vida. O leque dramático dos cílios postiços, o acabamento dourado do vestido Rebecca Taylor, o laço adoravelmente exagerado e o salto plataforma dourado são detalhes que revelam a alegria de brincar com o estilo, e isso me enche de felicidade.

[3] No original, "(Forever &) Always Accessorizing", uma referência à música "Forever & Always". (N.T.)

"Passei por uma fase em que não usava salto alto porque me sentia uma girafa. Agora amo usar."

— Taylor Swift, *InStyle*, 2009

Uma por cima da outra. Quando Taylor começou a brincar com acessórios, a sobreposição de pulseiras ajudava a manter o tom country em seus looks, graças à variedade dos materiais de origem natural como tecidos, miçangas e couro. Nos últimos anos, a tradição das pulseiras se expandiu para incluir itens usados pelos fãs em seus shows, as pulseiras da amizade. Taylor normalmente as usava no braço esquerdo, para não atrapalhar o dedilhado no seu violão de 12 cordas. Durante uma entrevista no CMA Music Festival em junho de 2008, três meses antes do lançamento do single "Love Story", esses acessórios também funcionaram como uma espécie de propaganda para seu trabalho seguinte. Consegue identificar?

(PRIMEIRA DA PÁGINA SEGUINTE) As listras do cardigã Rag & Bone confortável que Taylor está usando, típicas de uniformes de times universitários, trazem um ar colegial fofo, mas a melhor parte do look é a sapatilha de cetim azul da Urban Outfitters, que ela usou bastante na primavera de 2009. Esses calçados eram vendidos com o slogan "Contos de fadas existem" gravado na palmilha — algo que com certeza capturou a natureza romântica de Taylor e, ao mesmo tempo, prova que suas escolhas de moda são altamente intencionais e pessoais, até os mínimos detalhes.

(SEGUNDA DA PÁGINA SEGUINTE) Taylor prestou homenagem ao ícone do country George Strait participando do show Artista da Década. Seu cover para uma das músicas dele, "Run", ainda é uma das suas apresentações ao vivo mais subestimadas. Taylor já fora o show de abertura de George quando tinha 16 anos, então essa apresentação foi como voltar ao início de tudo. Ela usou um adorável minivestido manga sino com botas de caubói (uma combinação clássica da era de estreia), porém com um sutil toque *Fearless* no brilho boêmio da faixa de cabelo de cristais — um de seus acessórios favoritos na época.

MGM

"Acho divertido quando a luz do refletor bate e, por uma fração de segundo, o vestido acaba ofuscando a visão das pessoas."

Tudo que reluz está no guarda-roupa de Taylor Swift

Taylor Swift ainda não conheceu um paetê pelo qual não tivesse se apaixonado. Trata-se de um fato simples e consistente: se brilha, Taylor provavelmente vai usar. Quando sua própria estrela começou a brilhar mais forte e em palcos maiores, seu amor por acessórios brilhantes ganhou ainda mais força, alcançando um novo patamar. A revista *Vogue* lhe questionou certa vez: "Será que alguém já fez tanto pela imagem do vestidinho brilhoso?" Taylor concordou, respondendo: "É que eu amo esses vestidos. Especialmente no palco, porque acho divertido quando a luz do refletor bate e, por uma fração de segundo, o vestido acaba ofuscando a visão das pessoas."

Ser indicada a prêmios junto com homens bem mais velhos que ela, muitas vezes saindo vitoriosa, não era novidade para Taylor. No Country Music Association Awards de 2009, ela não apenas varreu os prêmios em todas as categorias em que foi indicada, como também levou para casa o troféu mais importante da noite: Artista do Ano. Seus colegas indicados na mesma categoria, Kenny Chesney, Brad Paisley, George Strait e Keith Urban (média de idade na época: 41,5 anos), aplaudiram a vitória de Taylor enquanto ouvia-se o refrão de "Fifteen", uma música sobre as lembranças e lições aprendidas em seu primeiro ano no ensino médio. O vestido enfatizava sua juventude e sua feminilidade, sem deixar de se ater ao imaginário dos contos de fadas presente em *Fearless*. Em uma nuvem de tule dourado, ela subiu a saia bufante de seu vestido Reem Acra para ir até o palco receber o prêmio. Essa vitória a consagrou como a pessoa mais jovem a ser indicada — e a vencer — nessa categoria.

Esse vestido lembra, da melhor maneira possível, forminhas de cupcake brilhantes ou taças de champanhe cheias de bolhas. Transmite poder e doçura, imagem bastante apropriada ao rememorar o começo e sua trajetória na música country e além. Cercada dos músicos que a acompanharam na turnê *Fearless*, Taylor disse: "Nunca vou me esquecer deste momento. Porque tudo que eu sempre quis acabou de acontecer... E aos fãs que vêm aos meus shows com camisetas feitas por eles mesmos e com aquele brilho nos olhos, vocês são o motivo de eu fazer isso." As camisetas em questão são uma referência ao traje "faça você mesmo" da turnê, muito popular, que os fãs criaram como uma homenagem à camiseta rabiscada do clipe de "You Belong with Me". Mesmo em uma das noites mais importantes de sua carreira, Taylor usou seu discurso para mencionar com alegria a conexão com os fãs e o estilo que compartilhavam.

“Eu amo coisas que brilham.”

Taylor teve diversos apelidos ao longo dos anos. Tay. Tay Tay. T-Sweezy ou T-Swizzle, dependendo da preferência. Para os fãs, Loirinha. Para o irmão, Teffy. É possível, no entanto, que o menos conhecido de todos seja Magpie. E isso porque sou a única pessoa que a chama assim, e dentro da minha cabeça. Taylor Swift, assim como a ave chamada “pega” (*magpie*, em inglês), sempre foi atraída por tudo que brilha. Esse amor se escancarou em suas escolhas de roupa da era *Fearless,* quando ela (muitas vezes) deixou de lado (ainda bem) aquelas, *cof-cof*, estampas caxemira pastorais e assumiu seu amor pelo brilho. Para substituir BCBG MAX AZRIA, Jenny Packham e Jovani entraram no rodízio dos vestidos de show. Em 2008, Taylor falou à revista *M* sobre encontrar o look perfeito: “Os vestidos que eu procuro precisam se destacar. O vestido tem que ter uma cor linda e tem que ter lantejoulas. Eu amo coisas que brilham.”

AWARDS
AWARDS

Vai me dizer que suas pupilas não dilataram diante da alegria efervescente de todo esse brilho? Minivestidos brilhosos e sedutores se tornaram uma fórmula confiável para Taylor, normalmente prateados ou dourados e frequentemente combinados com um peep toe de salto Christian Louboutin. A meu ver, esses looks demonstram um esforço de transmitir felicidade e exuberância. Em entrevista para a *Us Weekly*, em 2008, Taylor admitiu: "Eu gosto de estar sempre bem-vestida. Só fico insegura com uma roupa quando acho que estou vestida aquém do que a ocasião pede." Uma de suas canções de 2022, "mirrorball", descrita por ela própria como "uma metáfora sobre sentir que você precisa ser versões diferentes de si mesmo para pessoas diferentes", soa como uma referência a esses looks iridescentes, ao mesmo tempo que joga uma nova luz sobre esses vestidos de festa aparentemente divertidos e os questionamentos inocentes sobre seu lugar como artista. Em *Miss Americana*, seu documentário lançado em 2020, em uma passagem com vários momentos cintilantes de celebração como esse, Taylor refletiu sobre a inconstância de crescer como mulher sob o escrutínio da mídia. "Todo mundo é um brinquedo novo e brilhante por uns dois anos", disse ela. "Artistas mulheres reinventam a si mesmas vinte vezes mais que artistas homens. Ou fazemos isso, ou não conseguimos trabalho. As mulheres precisam se reinventar constantemente, encontrar novas facetas de si mesmas que as pessoas considerem brilhantes." Analisando em retrospecto, eu me pergunto até que ponto ela sentiu a pressão para "brilhar" sob os refletores — e se vestindo de acordo — e o quanto ela era apenas uma simples passarinha adolescente, naturalmente atraída por roupas bonitas que brilham. Taylor veste: vestido KaufmanFranco com sapatos Louboutin; vestido Collette Dinnigan com sapatos Prada; vestido Collette Dinnigan com sapatos Louboutin.

Neste look princesa mais sofisticado, ainda é possível ver um ar de doçura, suavidade e fantasia dos contos de fadas, tão presentes na era *Fearless*. Os tons dourados e quentes deste vestido Reem Acra também parecem uma alusão à capa do álbum, nas cores âmbar e amarelo-ouro que os fãs normalmente associam à era *Fearless*.

(PRÓXIMA PÁGINA) Alguns puristas dirão que não se deve misturar metais. Mas Taylor Swift construiu sua carreira desafiando todas as probabilidades e expectativas. Ela pertence a uma classe rara que (é claro) fica bem tanto em ouro quanto em prata. Durante a era *Fearless*, Swift não apenas vestiu todo minivestido com lantejoulas que pôde encontrar, como também alguns vestidos longos e metálicos dignos de nota. Para sua primeira aparição no famoso Met Gala (um evento de arrecadação de fundos realizado no Costume Institute do Metropolitan Museum of Art, em Nova York, frequentemente citado como o evento de moda mais importante do calendário anual dos Estados Unidos), Taylor usou um vestido cintilante Badgley Mischka da coleção outono de 2008. Ela usaria looks significativamente mais marcantes neste evento em particular em anos posteriores — mas, para uma estreante, os cachos glamorosos e o efeito degradê no dourado do vestido deram conta do recado, embora o look estivesse fora da proposta (naquela noite os convidados deveriam seguir o tema "super-herói"). Seu vestido prata personalizado KaufmanFranco, usado no Country Music Association Awards de 2008 foi, na minha opinião, mais bem-sucedido. A decisão de ir relativamente mais despida de joias (à exceção de um par de brincos de diamante discreto) foi a pedida certa para que o vestido entregasse todo o brilho. Evidentemente menos estilo baile de formatura do que suas aparições passadas no tapete vermelho, além de levemente mais ousado graças aos detalhes de transparência nas alças e no decote. Esse vestido, para mim, representa uma princesa que está querendo se divertir.

CMA
42nd AWARDS

Mamãe Swift

Taylor e sua mãe, Andrea, compartilham um vínculo tão profundo que são praticamente duas *Gilmore Girls*. Embora Andrea acompanhasse a jovem Taylor em suas famosas peregrinações pelos estúdios de Nashville, para entregar CDs demo às recepcionistas, ela estava longe de ser o estereótipo da mãe chata de artista. Sua onipresença na carreira da filha e as menções que Taylor faz a ela em suas músicas ao longo dos anos se devem puramente à conexão genuína que possuem.

As primeiras entrevistas de Taylor são pontuadas por relatos de Andrea apoiando suas aspirações musicais. À *Entertainment Weekly* em 2008, Taylor lembrou: "Quando eu tinha dez anos, ou até mais nova que isso, eu assistia a essas biografias de artistas, como Faith Hill, The Chicks,[4] Shania Twain ou LeAnn Rimes, e a coisa que eu mais ouvia era que todas tiveram que ir para Nashville. Eu ia com meus CDs gravados com base de karaokê, cantando feito um esquilo — é realmente sensacional —, e minha mãe ficava no carro com meu irmão mais novo enquanto eu batia nas portas por todo o Music Row. Eu dizia, 'Oi, eu sou a Taylor. Tenho 11 anos. Quero assinar um contrato para um disco. Me liga.' Ninguém ligou." Na mesma entrevista, Andrea comentou: "Taylor é muito segura de quem ela é. É assim desde pequena. Não sei por quê, não foi nada que eu tenha feito. Eu mesma, quando tinha a idade dela, estava fazendo tudo que podia para me encaixar. Não se trata de teimosia, é apenas uma certeza. E ela é independente, e porque escolhe ser."

Ainda mais importante, a relação de Taylor com sua mãe com frequência funcionou como uma contenção para o bullying escolar e o isolamento. "Minha mãe e eu sempre fomos muito próximas... Houve um tempo que, no ensino fundamental e na preparação para o ensino médio, eu não tinha muitos amigos. Mas minha mãe sempre foi minha amiga. Sempre", disse a cantora para a GAC network em 2008. Como todos os relacionamentos na vida de Taylor, o que ela tem com a mãe foi documentado em sua música. "The Best Day", de *Fearless*, foi composta e gravada para sua mãe como um presente de Natal. O vídeo, uma edição caseira de cenas da família, mais tarde serviria

[4] Até 2020, o grupo se chamava Dixie Chicks. O trio retirou o termo "dixie" do nome depois do movimento Black Lives Matter, pois ele remete aos Estados Confederados do sul dos Estados Unidos, que lutaram pela manutenção da escravidão no século XIX. (N.E.)

(PRÓXIMA PÁGINA) Taylor já teve diversos "melhores dias" com a mãe, porém os mais importantes foram aqueles em que Andrea assistiu à filha brilhar sob os holofotes enquanto recebia mais um prêmio. Em qualquer premiação ao longo da carreira de Taylor, uma das minhas atividades mais recorrentes e satisfatórias é jogar *Onde Está Wally? (Versão Andrea)*. Quase sempre a encontro na fileira de Taylor, normalmente usando algum look preto — sua escolha de indumentária padrão para permitir que a filha seja o centro das atenções.

TAYLOR SWIFT

Taylor, ironicamente, recebeu seu troféu 50th Anniversary Milestone da Academy of Country Music (ACM) em 2015, ano seguinte ao lançamento de seu primeiro álbum exclusivamente pop, *1989*. Desesperada, a indústria da música country havia ativado seu modo *Poderoso chefão* e estava fazendo o máximo possível para puxá-la de volta. O vestido azul-claro Reem Acra aludia sutilmente à sua nova persona pop (além do conjunto com o top), com os cortes laterais. Já o penteado repartido na lateral foi uma escolha um tanto incoerente, transmitindo um estilo excessivamente maduro. Com esse penteado agressivo, preso para trás, ela estava a um passo de ser confundida com uma dondoca.

como clipe oficial da música. Para a revista *Seventeen* em 2008, Taylor relembrou os eventos reais que inspiraram a canção, descrevendo uma malsucedida ida ao shopping, onde ela e a mãe encontraram garotas da escola que deram desculpas para recusar os convites de Taylor para passear. A humilhação inicial de ser excluída pelas colegas mudou de rumo quando Andrea, com muita sensibilidade, trocou os planos e sugeriu que saíssem dali e fossem, então, para o shopping King of Prussia. "É o melhor shopping do estado. Dirigimos por uma hora para chegar até lá, e passamos um tempo maravilhoso juntas!", disse Taylor. "Percebi que minha mãe era a pessoa mais legal do mundo por não ter me obrigado a ficar naquele shopping e ter que engolir e seguir em frente, e coisas assim. Ela me permitiu fugir da minha dor por um instante, e eu achei que isso foi a coisa mais incrível que ela poderia ter feito."

Em 2015, Andrea fez o discurso principal para apresentar Taylor como ganhadora do prêmio 50th Anniversary Milestone da Academy of Country Music (ACM) — uma honraria concedida a artistas country por realizações excepcionais na cena durante o ano anterior. "Venho assistindo a essa artista marcante desde que ela era uma garotinha de cabelos bagunçados crescendo em nossa fazenda, cheia de imaginação e criatividade. Até agora, neste exato momento, em que ela se prepara para sua próxima turnê mundial. E, desde então, o que ela mais gosta de fazer nesse mundo é compor músicas, contar histórias, tocar violão ou piano. Tenho visto tudo isso conduzindo-a por cada emoção, cada experiência em sua vida. Boa ou ruim", disse Andrea, com olhos marejados, sua imagem intercalada com closes do rosto de Taylor — parecendo o bichinho de estimação tímido de um professor sendo paparicado no meio da aula pelos alunos. Quase dá para ouvir o "Mãe, você está me fazendo passar vergonha!" na cabeça dela.

"Por muitos anos, fui sua companhia constante e testemunhei a transição de uma menina com poucos amigos para uma jovem mulher com várias amizades... Como muitos de vocês esta noite com seus filhos, sou uma mãe muito orgulhosa", afirmou. Andrea terminou fazendo uma referência aos fãs, agradecendo a eles por amarem Taylor tanto quanto ela, e isso foi uma verdadeira convocação: qualquer fã estaria disposto a entrar na linha de fogo para ficar do lado de Taylor.

A trama que perpassa a linhagem materna de Taylor se estende à sua avó Marjorie Finlay, que serviu de inspiração para a canção "marjorie", do álbum *evermore*. Filha de uma cantora lírica e mãe de uma estrela pop, Andrea transita por dois polos de talento musical, sendo ao mesmo tempo fruto e criadora dele. Em uma entrevista à Zane Lowe, Taylor confessou se sentir "em um naufrágio" tanto durante a composição quanto na gravação de "marjorie", por conta da forte conexão que tinha com a avó e pela presença silenciosa que Marjorie continuava exercendo em sua vida mesmo após sua partida, quando Taylor tinha 13 anos. A morte de Marjorie aconteceu, aliás, enquanto Taylor estava em Nashville, distribuindo seus CDs. Swift observou: "Durante um ano, minha mãe olhava para mim várias vezes e dizia "Nossa, você é igualzinha a ela" sempre que eu fazia alguma coisa que eu mesma não reconhecia de outra forma além de ser um traço meu... Sempre senti como se ela estivesse vendo isso" — este "isso" a que Taylor se refere nada mais é que o fato de ela dar continuidade ao sonho da avó com sua carreira na música. Marjorie tem seus créditos na canção de Taylor, seus vocais líricos crescem no terceiro verso. "Minha mãe achou alguns vinis antigos das óperas que ela cantava, então mandei esse material para o Aaron [Dessner], e ele os incluiu na música. São momentos como esse no disco que mostram como o coração está completamente envolvido no processo. A gente dá tudo de si em coisas assim."

Andrea é uma estrela-guia constante para o fandom de Taylor, muito amada e imediatamente reconhecida, mesmo em um estádio repleto de fãs apaixonados. Quando se está próximo a ela, não é difícil de imaginar de onde Taylor herdou seu entusiasmo e magnetismo. Andrea é uma presença constante durante as turnês, desempenhando um papel de suma importância na escolha dos fãs mais animados para os *meet-and-*

-greets após os shows. Não há dúvida de que o fascínio pela festa pós-show — que foi mudando de nome ao longo dos anos de acordo com as principais turnês (de T Party para Loft '89 e para rep room), porém mantendo a mesma experiência (um ambiente aconchegante nos bastidores, regado a biscoitos caseiros, para um momento cara a cara com a Taylor) — é fator determinante para que haja fantasias, cartazes enfeitados com luzes e gritos nos mais altos decibéis para definir a experiência ao vivo de Taylor Swift.

O álbum *Fearless* narra a trajetória de uma jovem romântica incurável que está descobrindo sua identidade, enfrentando verdades difíceis e as mentiras absolutas dos contos de fadas em que por tanto tempo acreditou. Como é de praxe nesse gênero, as adversidades e os finais felizes desempenham papéis similares.

Ponto de partida e de chegada, dois vestidos em particular compõem o pano de fundo que representa os altos e baixos da vida de Taylor durante esse período — ambos por coincidência sendo de autoria do mesmo designer, KaufmanFranco.

O primeiro Taylor usou no MTV VIDEO MUSIC AWARDS em setembro de 2009, em cujo tapete vermelho ela surgiu a bordo de uma carruagem saída das histórias de *Cinderela* — um verdadeiro conto de fadas ganhando vida. O vestido escolhido foi uma peça de um ombro só da coleção Kaufmanfranco's Resort 2009, com lantejoulas prateadas sobre um forro cinza e uma única alça puxada nas costas, na diagonal, para criar um capuz drapeado — o efeito de uma estátua grega moderna, porém brilhante. Os lábios vermelhos, sua assinatura, complementaram perfeitamente o tapete vermelho e a comunicação visual do VMA. A noite entraria para a história: Taylor venceu a categoria de Melhor Clipe Feminino por "You Belong with Me", e Kanye West, interrompendo o discurso da vencedora, tornou sua opinião pública para milhões de espectadores ao anunciar que ele achava que Beyoncé deveria ter recebido o prêmio por "Single Ladies".

Naquele momento, o tempo pareceu desacelerar. Os gritos cessaram. Aplausos se converteram em zombarias. Taylor permaneceu imóvel e incrédula, com o microfone na mão, mas calada. O relógio marcou meia-noite, e sua carruagem voltou a se transformar em abóbora; o conto de fadas havia acabado.

À *GQ* em 2015, Swift comentou sobre o que sentiu quando estava no palco. "Quando a plateia começou a vaiar, pensei que estivessem vaiando porque também acreditavam que eu não merecia o prêmio", admitiu. "Foi isso que me doeu. Fui para os bastidores chorando, mas precisei me recompor, porque minha apresentação começava em cinco minutos. Eu simplesmente disse a mim mesma que tinha que cantar, e tentei me convencer de que talvez aquilo não fosse assim tão importante."

Quatro meses depois, um novo ano com um novo vestido em um novo prêmio. Taylor evitou suas tradicionais opções metalizadas em ouro ou prata e, em vez disso, surgiu no Grammy de 2010 com um vestido KaufmanFranco ombro a ombro de

“Quando a plateia começou a vaiar, pensei que estivessem vaiando porque também acreditavam que eu não merecia o prêmio.”

Se não tivesse ficado para sempre maculado pela confusão de Kanye, aquele dia *teria sido* um conto de fadas. A chegada extravagante de Taylor foi recebida calorosamente, e ganhar seu primeiro prêmio no VMA foi um triunfo imenso para ela.

lantejoulas azul-marinho, com um talho no decote e as costas totalmente nuas, com uma alça moderna cruzando os ombros, uma reminiscência do KaufmanFranco do VMA anterior. Tratava-se de um vestido feito sob medida para ela, mas reproduzido anos mais tarde no modelo preto clássico. Com esse vestido ela não apenas quebrou seus padrões esperados de vestimenta, mas também um recorde, tornando-se a mais jovem vencedora do Grammy de Álbum do Ano por *Fearless*. (O recorde seria batido por Billie Eilish em 2020.)

Ao receber o prêmio, Taylor obviamente ficou muito entusiasmada com uma honraria tão grande. Suas palavras, porém, carregaram a previsão de uma pessoa determinada a escrever sua própria história. Havia um traço silencioso de empoderamento e esperança por um futuro em que, um dia, seu sucesso ofuscasse seus momentos sombrios — como aquela humilhação sofrida apenas alguns meses antes. "Esta é a história que todos nós, quando tivermos oitenta anos e estivermos falando sobre nossa vida... para nossos netos... Bem, esta é a história que vamos contar de novo e de novo", disse ela. Naquele momento de vitória, Swift escolheu idealizar a própria história de vida como aquela em que o esforço e a perseverança são recompensados.

(PRÓXIMA PÁGINA) Este vestido azul ficará para sempre marcado no histórico fashion de Taylor como o da noite em que conquistou seu primeiro Grammy de Álbum do Ano. É brilhante, como esperado, mas o decote ombro a ombro, com talho geométrico, e o corte de costas nuas dramático soam ao mesmo tempo restritivo e constrito, aberto e vulnerável — um contraste interessante que reflete a jornada de uma cantora e compositora doce que começava a ultrapassar os limites do gênero que a definia. A cor também é inesperada. Nada de dourado ou prateado nem tons pastel ou mesmo um amarelo puxado para o sépia (alusão à capa de *Fearless*). O vestido se mostrou tão sem precedentes quanto sua vitória histórica naquela noite.

GRAMMY AWARDS
RAMMY AWARDS
GRAMMY AWARDS
AWARDS

Aqui está uma foto maravilhosa, com todos os compositores de *Speak Now* tocando juntos no palco. Muito fofo! Este vestido franjado Roberto Cavalli foi o traje de abertura da turnê *Speak Now*, continuando com as franjas brilhantes de onde a turnê *Fearless* havia parado, até com as mesmas botas de couro na altura do joelho da Everybody by B.Z. Moda.

3

Speak Now

USANDO CALÇAS SIMBOLICAMENTE, MAS VESTIDOS NA VIDA REAL

Speak Now é um álbum de provocação, embrulhado em tule e apresentado em uma embalagem ultrafeminilizada. É o trabalho de uma artista que começa seriamente a resistir aos comentários (e às críticas) do público, de uma maneira extravagante e profundamente feminina.

O single principal de *Speak Now*, “Mine”, é um grande exemplo. Ao escutá-lo pela primeira vez, soa como uma daquelas músicas fofas e envolventes sobre uma garota desconfiada que encontra o amor verdadeiro — e decide arriscar e ir atrás dele. O clipe, inclusive, traz a imagem perfeita do casamento em uma igreja, coroada por Taylor em um vestido de noiva branco sem alças desenhado por Reem Acra. “Mine” retoma a ambientação de contos de fadas de “Love Story” e lhe dá uma roupagem mais moderna, com uma produção mais pop. Este é o início da lapidação pop que o country não comportava mais. O single seguinte, “Back to December”, é uma balada confessional executada ao piano. A temática é novidade para Swift: trata-se de um pedido de desculpas musical em que ela admite os próprios erros que levaram ao fim de um relacionamento (Taylor é constantemente acusada de sempre bancar a vítima). Já a faixa "Mean", vibrante e com uma levada country quase satírica liderada por um banjo, é uma resposta atrevida às críticas quanto à sua habilidade vocal em performances ao vivo. As letras de *Speak Now* revelam uma consciência de si com mais nuances, mais maturidade; mostram um nível de introspecção que parece apropriado para o momento de vida registrado pelo álbum: aquele período perturbador em que a menina torna-se mulher. A verdadeira proposta do álbum está fincada na metade dele (considerando a tracklist da versão standard), com a melancólica "Never Grow Up" — uma carta acústica escrita com tristeza para sua criança interior, perdida nos eventos anteriores à gravação do álbum.

"Tudo bem infantilizar o sucesso de uma garota e dizer 'Ela compõe músicas, que fofinha'. Mas quando esse sucesso passa a ser extraordinário? Bem, aí já não é mais tão fofinho."

Originalmente, o álbum se chamaria *Enchanted*, mas, seguindo o conselho do dono de sua gravadora, Scott Borchetta, Taylor pensou melhor e optou pela mudança do nome. Scott falou sobre essa decisão à *Billboard*: "Estávamos almoçando, e Taylor tinha tocado várias das músicas novas para mim. Olhei para ela e falei 'Taylor, esse disco não é mais sobre contos de fadas e ensino médio. Você não está mais nesse lugar'." E, para dizer a verdade, Scott estava certo. *Speak Now* fala sobre crescimento e sobre o amor após as armadilhas da fantasia retratadas em *Fearless*. É um álbum definido pela perda da fé na ficção — o ponto de vista de quem se agarra desesperadamente às promessas não cumpridas de finais felizes. No meu ponto de vista, *Speak Now* é o álbum definitivo de Taylor como cantora e compositora.

Quando estreou como um novo rosto adolescente, suas letras confessionais eram encantadoras, mas, de acordo com os críticos, faltava às composições um tanto de realidade. Posteriormente, já munida com prêmios da Recording Academy que reforçavam suas habilidades de composição e a qualidade de seu trabalho, essas histórias pessoais escritas à mão tornaram-se um incômodo — estratégias públicas irritantes para chamar atenção. "Tudo bem infantilizar o sucesso de uma garota e dizer 'Ela compõe músicas, que fofinha'. Mas quando esse sucesso passa a ser extraordinário? Bem, aí já não é mais tão fofinho", observou Taylor para a revista *Vogue* em 2019.

Já com seus vinte e poucos anos e mais madura, Taylor viu o apelo da ingenuidade do início de sua adolescência se desvanecer e, sobretudo, começou a ouvir os comentários maldosos que duvidavam da legitimidade de suas composições. Seriam mesmo de sua autoria? Antes do lançamento de *Speak Now*, a *Billboard* publicou que o novo álbum seria fundamental para provar seu amadurecimento e sua habilidade criativa. "A história da música é repleta de estrelas *teen* que não foram capazes de manter o mesmo ritmo comercial após os vinte anos", dizia a matéria. Em vez de permanecer em território seguro, Taylor resolveu arriscar com *Speak Now*, abrindo mão das antigas parcerias com compositores e colaboradores para escrever o álbum inteiro sozinha. Durante seu discurso ao receber o prêmio de Mulher da Década da *Billboard* em 2019, Swift observou que ela não sabia naquele momento, mas que sentia, olhando em retrospecto, que o burburinho da mídia nada mais era do que aquilo que "acontece com uma mulher na música se ela alcança sucesso ou poder além do que as pessoas consideram confortável para elas". Esse posicionamento voltado para os negócios não era uma novidade. Quando foi reconhecida como a então mais jovem Mulher do Ano pela *Billboard* em 2011, Taylor mencionou que sempre esteve no comando de sua carreira e que pensava meses — se não anos — à frente. "Sei exatamente onde vou estar neste momento no ano que vem", disse ela. "Sei disso porque toda semana, nas reuniões de gerenciamento da carreira, eu me baseio no que sinto que é certo para minha carreira agora."

As faixas de *Speak Now* tornam evidente que o álbum é a resposta criativa de uma artista às críticas. "Esta foi a década em que me tornei um espelho para meus detratores. O que quer que eles decidissem que eu não poderia fazer era exatamente o que eu fazia", disse Taylor à revista *Billboard*. "Quando *Fearless* ganhou o Grammy de Álbum do Ano e eu me tornei a artista solo mais jovem a receber esse prêmio, junto com essa vitória vieram as críticas e uma repercussão negativa em 2010 que eu nunca tinha vivido como uma jovem cantora estreante. De repente, as pessoas estavam duvidando da minha habilidade de cantar... Minha voz era forte o suficiente? Não seria aguda demais? De uma hora para outra as pessoas não tinham mais certeza se eu mesma compunha as músicas porque, no passado, em algumas ocasiões havia parceiros na sala de composição."

A principal estratégia de defesa empregada por Taylor em *Speak Now* foi elaborar uma réplica tão completa que silenciaria qualquer questionamento sobre seu desempenho como compositora. "Tive muitas reviravoltas em minha carreira. Quando tinha 18 anos, as pessoas ficaram tipo 'Não é ela quem realmente escreve essas músicas'. Então escrevi todo o meu terceiro álbum sozinha como resposta", disse a cantora à *Rolling Stone* em 2019. Em um chat ao vivo com fãs para anunciar o lançamento do álbum em julho de 2010, Taylor disse: "Compus sozinha todas as canções deste disco... Tive minhas melhores ideias às três da manhã no Arkansas, sem nenhum parceiro de composição. Eu simplesmente fui lá e escrevi. Isso aconteceu de novo em Nova York; e então em Boston; e de novo em Nashville." O resultado é um álbum com um conceito mais livre, isto é, sem uma obrigatoriedade narrativa entre as faixas — cada uma representa uma mensagem personalizada a um destinatário específico. "Acho que [o título] é uma metáfora, aquele momento em que é quase tarde demais e só lhe resta dizer o que está sentindo ou então lidar com as consequências pelo resto da vida... E este álbum é para mim como se fosse a oportunidade de 'falar agora ou me calar para sempre", explicou ao Yahoo! Music sobre o conceito do disco. Taylor falou ao *New York Times*: "Não posso dizer essas coisas em uma reunião de negócios. Mas... falando para alguém com quem realmente me importo... é um pouco mais difícil, porque não há um primeiro verso, um segundo verso e uma ponte." Como a melhor contadora de sua própria história, Swift prefere (e se destaca em) monólogos em vez de diálogos. Sem um compositor parceiro para cortar suas experiências, *Speak Now* é um relato denso e sem filtro tirado das páginas do diário de uma jovem. A maioria das faixas atinge a marca de quatro minutos, o que atesta não apenas o quanto Taylor tinha a dizer com este trabalho, mas também a lealdade e a atenção do público que ela cultivou, ávido e pronto para escutar suas canções.

"Esta foi a década em que me tornei um espelho para meus detratores. O que quer que eles decidissem que eu não poderia fazer era exatamente o que eu fazia."

A garota de vestido

Ao desenvolver a identidade visual para seu primeiro álbum inteiramente de composições próprias, seu estilo poderia ter ganhado força com peças de alfaiataria e silhuetas marcadas, ou com cores ousadas que chamariam a atenção naturalmente. Porém, em vez de alocar sua força em looks mais sérios, Taylor optou por se aproximar da ideia de ser um "espelho" para seus críticos. As pessoas achavam que uma loirinha adolescente não poderia estar no comando. Nem sequer poderia escrever — literalmente — seu próprio destino. Em resposta, ela redefiniu e enraizou ainda mais sua imagem em uma feminilidade suave, optando por peças de tule e tons claros de roxo, amarelo ou pêssego. Se parecesse com a cobertura de um bolo, Taylor Swift usaria.

A peça mais icônica é o vestido de chiffon roxo com decote halter que ela usou na turnê *Speak Now*, combinando com um recatado salto de dança Arika Nerguiz e um enérgico rabo de cavalo que destacava seu rosto (sem brigar com as alças do vestido). Trata-se de uma criação do designer de roupas Eric Winterling, que tem produções como *Wicked* e mais recentemente *Maravilhosa Sra. Maisel* em seu currículo. Trabalhar com artistas de palco (incluindo a designer da turnê Susan Hilferty) em alguns dos figurinos da turnê *Speak Now* ajudou a dar vida ao caráter dramático tão fantástico e teatral presente no álbum — e na produção dos shows, por extensão. Eric me disse que "um vestido vintage foi o material que serviu de fonte" para o design.

Se fosse possível registrar esse tom em particular na escala Pantone, com certeza ele seria chamado de "Roxo *Speak Now*" — dada a associação universal desse traje com a respectiva era (para mim e para outros fãs). O vestido feito sob medida por Eric Winterling desempenhou um papel fundamental nas apresentações da turnê, sendo usado por Taylor tanto durante o set acústico — enquanto ela dedilhava um violão à sombra de uma árvore luminosa que se movia lentamente em um palco secundário e dezenas de milhares de pessoas cantavam seus versos — quanto na produção cálida e pirotécnica de "Dear John", a assinatura de *Speak Now* e também a balada mais lancinante do álbum. Essa música faria os meros mortais buscarem o buraco mais próximo e se enfiarem nele por uma ou cinco décadas, mas em vez disso a composição provocou seu objeto velado, John Mayer, a escrever uma canção chamada "Paper Doll" alguns anos depois, contendo o que pareciam ser referências ao romance dos dois. Os versos de "Dear John" são centrados em um artigo de vestuário (injustamente subestimado em comparação às referências a certo cachecol): um vestido. À primeira vista, o vestido reflete juventude, inexperiência e ingenuidade. Essa música conta a história de uma jovem que sofreu ao viver um relacionamento com um homem mais velho aproveitador e manipulador. Mas, pela conclusão da música com a mudança dos pronomes (Taylor silenciosamente troca "eu" por "você" — "You should've known"), o vestido é remodelado como símbolo de feminilidade e poder. Ele também fica ainda mais bonito quando emoldurado por grandiosos fogos de artifício — um bônus da performance da turnê.

(À ESQUERDA) Reem Acra é uma das designers favoritas de Taylor para seus looks românticos e femininos de tapete vermelho — como visto aqui na saia de tule esvoaçante e no corpete brilhante deste vestido de baile. No Symphony Ball de 2011 em Nashville, Taylor usou um impecável vestido de decote ilusão feito pela designer, o que criava a impressão de uma silhueta sem alças em formato de coração. Na ocasião, Taylor recebeu o Harmony Award, uma premiação concedida a artistas reconhecidos por sua habilidade de transitar entre gêneros musicais diferentes.
Faz sentido que este vestido tenha cores similares às que caracterizaram os dois primeiros álbuns da cantora: um azul ostra e um cinza-dourado de tonalidade quente. Além de, claro, um pouquinho do Brilho Swift. Sou defensora do decote porque menos é mais.

(À DIREITA) Este vestido de baile Valentino foi usado no encerramento da turnê *Speak Now* — uma última alusão ao amor idílico de uma jovem. Como álbum, *Speak Now* inicia a descida de Taylor pelo buraco do coelho, indo do romance idealizado da adolescência até as desilusões trazidas pelas primeiras incursões no romance real da vida adulta. No entanto, por um momento, esta peça de alta-costura em glitter e tule envolve Taylor em uma nuvem suave e protetora digna do final feliz de uma princesa. Swift confirmou esse conceito para a *Teen Vogue* em 2011, citando a peça como uma de suas favoritas — "um vestido de princesa completo".

(À ESQUERDA) Painéis de renda extra foram acrescentados ao projeto original deste vestido Marchesa (em Roxo *Speak Now*) para proporcionar mais cobertura ao longo do tronco de Taylor no ACM de 2010. No projeto original, o espaço negativo criava um fácil movimento do olhar partindo do alto do ombro esquerdo e percorrendo o bordado adorável até o lado direito do quadril, mas Taylor ainda fez esta versão modificada parecer sonhadora, fácil e inteiramente a cara dela, embora seja conhecida por de vez em quando alterar looks por comedimento. A escolha por joias minimalistas foi inteligente e evitou interferências com o bordado no decote.

(PRÓXIMA PÁGINA) Asse a 180 graus por trinta minutos até o palito de dente sair limpo. Vestidinhos doces como um cupcake em tecidos esvoaçantes e tons pastel suaves, como estes J. Mendel foram um look fundamental (e perfeito) para transmitir suavidade ao longo da era *Speak Now*. Gosto particularmente do acréscimo da flor no cabelo que ela usou no 41st Annual Songwriters Hall of Fame Awards.

CHOICE

Cabelo ondulado à la antiga Hollywood, com franja estilo anos 1920 e preso em um coque falso chanel. Os matizes da beleza retrô convidam Taylor a sair de sua própria linha do tempo, alçando-a ao status de ícone atemporal e acrescentando seu brilho característico aos looks clássicos. Taylor usa um vestido Jenny Packham e botas Everybody para o NFL KICKOFF CONCERT de 2010 (À ESQUERDA) e um vestido Zuhair Murad (À DIREITA) com acessórios Jimmy Choo para a festa do Oscar da *Vanity Fair* de 2011.

Desde a primeiríssima postagem no blog

Postei minha primeira identificação de um look de Taylor Swift em 13 de outubro de 2011, durante a campanha de lançamento de seu perfume, Wonderstruck. Taylor lançaria mais quatro fragrâncias como parte de seu contrato com a Elizabeth Arden: uma versão da primeira fragrância chamada Wonderstruck Enchanted; Incredible Things (*eau de parfum*); um perfume chamado Taylor; e a versão de Taylor intitulada *Taylor by Taylor Swift Made of Starlight Musical Edition*. Para a posteridade, meu próprio frasco empoeirado (e totalmente vazio) de Wonderstruck ainda tem lugar cativo na minha penteadeira. Nós dois percorremos um longo caminho desde então.

Este look tem um quê vintage adorável. O traje interior nude sob o vestido listrado Tracy Reese cria uma base interessante para que as listras de brocatel saltem aos olhos — mas também traz um tanto de sensualidade para o bustiê de pinup, que do contrário poderia ser um visual bastante afetado. Os brincos são da House of Lavande, uma joalheria de Los Angeles infelizmente extinta que era especializada em peças vintage e de herança. O atemporal peep toe Miu Miu dá o toque final. Tanto que reapareceriam no guarda-roupa de Taylor em 2015 e 2016 — prova de que ela realmente mantém muitas peças e não tem medo de repetir as favoritas.

Em 2011 Taylor foi considerada Artista do Ano pela Academy of Country Music e pela Country Music Association. Este feito impressionante, um símbolo de poder e sucesso, só havia sido alcançado por Barbara Mandrell, em 1980, e Shania Twain, em 1999. Aos 21 anos, Taylor foi a mulher mais jovem a realizar essa façanha.

Os vestidos que ela usou em ambos os eventos apresentaram caudas dramáticas e uma paleta de cores delicada, acompanhados de joias mínimas, salvo por brincos de diamantes em formato de gotas. Os cachos escovados, portanto mais suaves do que estruturados, também contribuíam para criar uma visão terna e angelical de força nesses momentos de conquistas imensas.

(A SEGUIR, À ESQUERDA) Um dos momentos mais subestimados de Taylor no tapete vermelho. Este vestido cinza-claro J. Mendel é raro dentro da típica paleta de cores usada por Taylor, além de ser tanto um exercício de contenção quanto de apelo dramático. Diferentemente dos tapetes vermelhos anteriores, onde se destacar era sinônimo de vestir-se "em alta voltagem", este momento sinaliza uma autoconfiança discreta. Enquanto finalizava a fase norte-americana da turnê *Speak Now*, com ingressos esgotados, Taylor recebia seu segundo prêmio de Artista do Ano no CMA em 2011. Optando por um traje mais contido, ela se sentiu confortável em não tomar para si todos os holofotes. Em seu discurso, deixou o prêmio falar por si e estendeu o crédito pelo sucesso da turnê a uma longa lista de artistas que participaram como convidados em várias datas ao longo dos shows. Seus nomes estavam escritos em seu antebraço com caneta permanente (em alusão a uma estratégia usada ao longo da turnê, de escrever a letra de uma música nova em seu braço todas as noites).

(A SEGUIR, À DIREITA) A moda tem muitas regras arbitrárias e dita as cores mais favoráveis para se vestir com base na cor do cabelo ou no tom de pele. Embora digam que loiras não devem usar amarelo, eu amo quando elas fazem isso. Esse momento "amanteigado" no ACM de 2011 é alegre e ao mesmo tempo muito elegante, além de combinar perfeitamente com os cachos, em tons mais quentes. Os detalhes intricados dos ornamentos indicam o trabalho manual em alta-costura feito por Elie Saab (e uma notável melhoria do vestido "tablete de manteiga de alta-costura" de 2007).

AWARD
CMA
CMA
AWARD
CMA

MGM GRAND
LAS VEGAS
ACADEMY
of COUNTRY MUSIC
AWARDS
MGM GRAND
LAS VEGAS
ACADEMY
of COUNTRY MUSIC
AWARDS

dick clark productions
N MUSIC AWARDS
2010
AMERICAN MUSIC AW

"Penso sobre meu próximo objetivo dez passos à frente. Estou sempre planejando três apresentações em prêmios futuros.
Para mim, planejar é uma maneira produtiva de se estressar com a vida."

— Taylor Swift, *Marie Claire*, julho de 2010

A primeira investida de Taylor em esconder sua testa do mundo se deu por meio de um aplique de franjas falsas que ela usou no American Music Awards de 2010. Sua escolha dramática de renunciar a seus cachos e franjas tão característicos por algo mais liso e elegante fez muita gente se perguntar se a mudança de cabelo era um sinal pós-término. Eu diria que pelo menos essas franjas falsas não são resultado de um Bumpit — um acessório em formato de arco para criar volume no cabelo, bastante popular na época. As sandálias Jimmy Choo ornamentadas foram a escolha perfeita para complementar o brilho do minivestido Collette Dinnigan. Ao receber o prêmio de Artista Country Feminina Favorita, Taylor disse: "Acho que é realmente maravilhoso e raro se sentir compreendida. Aos meus fãs, quero dizer que vocês me entendem e sabem de onde eu vim, e não tenho palavras para agradecer a vocês o bastante por isso." O discurso me emocionou de uma forma bem particular porque, embora para muitos Taylor parecesse irreconhecível sem os aspectos mais característicos de sua aparência, ela ainda se sentia vista pelos fãs.

Vintage: tão adorável

Foi nesta época que Taylor começou a incorporar algumas peças vintage aos looks, talvez como uma maneira de elevar sua imagem (percebida como uma estrela fugaz do country que migrou para o pop) e reivindicar seu status como um ícone cuja carreira não seria temporária. Alguns chamariam isso de "moda de vovó", mas eu mesma só sinto inveja por Taylor ser uma pessoa tão autêntica a ponto de ficar bem com oxfords de salto, sapato social de couro, relógios antigos presos em correntinhas e blusas com estampas florais horrorosas. Ela descreveu seu *guarda-roupa* para a *Teen Vogue* em 2011: "Meu estilo pessoal é muito feminino. E o que acho fascinante na moda é o seu percurso na história. Adoro brincar com looks vintage e retrô."

Gosto de pensar que o tema do Met Gala de 2010, "Mulher Americana: Construindo uma Identidade Nacional", foi imensamente relevante para aquele momento da vida de Taylor. Como muitos dos convidados, ela também aproveitou a chance para canalizar a aura da antiga Hollywood, mas, enquanto alguns optaram pela via glamorosa e com muito brilho, Swift foi mais sutil, optando por um vestido off-white de ombros de fora, do designer americano Ralph Lauren. Os dois têm em comum o início de carreira cheio de determinação — ele vendendo gravatas de loja em loja, ela entregando suas demos a todas as recepcionistas de Nashville. Para a *Allure* em dezembro de 2010, Taylor disse: "Ralph tem essa personalidade genuína, sincera e verdadeira, esse amor pelo que faz... Acho que somos parecidos nesse aspecto, amamos o que fazemos."

(PÁGINA AO LADO, À ESQUERDA) Vestidos continuam a desempenhar um papel-chave no estilo de Taylor, normalmente indo até uma altura "apropriada" acima do joelho. Durante o período *Speak Now*, elementos vintage foram incorporados ao guarda-roupa, tanto com peças autênticas quanto trazendo estampas ou tecidos retrô, como a renda neste vestido Reiss com padronagem tipo toalha de mesa. Frequentemente ela combinava esses itens com sapatos kitsch, como Mary Janes, ou sociais de couro com cadarço.

(PÁGINA AO LADO, À DIREITA) Esta, que talvez seja uma das aparições mais subestimadas de Taylor no Met Gala, é pessoalmente uma das minhas favoritas. Nesse evento, temos a prova da evolução do uso do brilho para algo verdadeiramente elegante que falava por si só. Taylor estava aprendendo novas maneiras de se expressar através da moda, com mais nuances, mas não com menos intenção — como quem aprimora um segundo idioma aprendido na escola fazendo um intercâmbio. O que me leva a considerar esse simples momento extraordinário é a composição. O diamante solitário pendendo da pulseira, combinando com o tecido suave do vestido e o penteado levemente desarrumado, diz algo tipo "Uso Tiffany até para dormir". Puro luxo. O batom vermelho é a cereja do bolo.

BBC
RADIO
1

GRA
MMY® AWARDS
GRA
MMY®

O momento vintage mais satisfatório da era *Speak Now* aconteceu no Grammy de 2012, quando Taylor apresentou a vibrante música country "Mean". Usando um vestido floral na altura do joelho, uma trança lateral de aparência desleixada e um banjo pendurado no pescoço, à frente de um cenário empoeirado em tons terrosos decorado com madeira — a imagem lembra uma vendedora de leite entrando em um bar do Velho Oeste. Ao longo da apresentação, há um olhar duro e desafiador em seu semblante. Sem dúvidas ela estava visualizando a última pá de cal na cova imaginária do crítico e analista musical Bob Lefsetz, que, dois anos antes, havia classificado sua performance com Stevie Nicks no Grammy de 2010 como "terrível". Segundo ele, a carreira de Taylor morreria naquela noite. "De uma só vez, Taylor Swift jogou a si mesma na lata de lixo dos fenômenos adolescentes. Esperamos que lá ela arda intensamente e depois desapareça", escreveu ele. De forma um tanto violenta, o crítico a chamou de "muito jovem e burra para entender o erro que cometeu. E aqueles que a rodeiam são viciados em dinheiro e têm medo de lhe dizer não".

Sendo assim, faz todo o sentido do mundo o sorrisinho nos lábios de Taylor enquanto canta versos que parecem responder às críticas de Lefsetz. Ele certamente recebe um merecido troco no clímax da música, quando Taylor muda a letra para "Someday I'll be singing this at the Grammys" [Um dia eu vou cantar isso no Grammy]. Naquela noite, "Mean" ganhou dois Grammys: Melhor Performance Country Solo e Melhor Música Country. Lefsetz podia ser tão *mean* (maldoso) quanto quisesse. No fim das contas, era Taylor que voltava para casa com as estatuetas.

(PÁGINA AO LADO, À ESQUERDA) A performance vocal de Taylor cantando "Rhiannon" no Grammy de 2010 com Stevie Nicks foi, digamos, mal recebida pelo público e pela crítica. Dois anos depois, o traje de garçonete vintage que parece garimpado de uma loja de fantasias usado durante seu golpe de misericórdia foi, digamos, mal recebido por mim, especificamente. Embora a composição combine com a estética country, achei o look leiteira/trabalhadora do campo e a padronagem floral desbotada esquecíveis e desfavoráveis. Felizmente, seu melhor acessório é um triunfante sorriso — e, claro, no fim da noite, os troféus.

(PÁGINA AO LADO, À DIREITA) Tesouro escondido. Após perder a cerimônia de 2011 por uma questão de agenda, o retorno de Taylor ao Grammy de 2012 foi triunfante. Seu vestido dourado Zuhair Murad parecia a personificação de algum ornamento metálico. Os detalhes recatados na gola ligeiramente alta e as mangas curtas são modestos diante do decote ilusão frontal em formato de coração e do decote profundo e dramático nas costas.

Outro grande momento vintage inesquecível foi o MTV VIDEO MUSIC AWARDS de 2010, apenas um ano após a infame interrupção de Kanye. Com os cachos presos sob o corte falseado retrô, Taylor subiu ao palco descalça, sem joias ou adornos a não ser o discreto par de brincos. A escolha do look corroborava sua vulnerabilidade. Usando vestido sem alças Dolce & Gabbana vintage, cujo leve franzido da saia e o tom nude transmitiam uma imagem da suavidade, Swift tornou-se a própria bandeira branca da paz e do perdão. Tendo pulado o tapete vermelho e desaparecido completamente durante a transmissão do prêmio, Taylor fez com que a apresentação da música "Innocent" fosse sua única comunicação da noite. Em outubro de 2010, ela contou à *Billboard*: "Levei um tempo para escrever aquela canção... Muitas vezes na minha vida, quando não sei como me sinto em relação a alguma coisa, não digo nada. E foi isso o que fiz até ser capaz de chegar às conclusões que me permitiram escrever 'Innocent'... Eu ainda prefiro não falar sobre esse assunto. Só achei que era muito importante para mim cantar a respeito do que aconteceu."

Há pessoas que interpretam os versos de "Innocent" como uma bandeira branca. Outros a veem como "insignificante" (*New York Times*) e "hipócrita" (*Slant*) ao evidenciar as ações negativas de alguém, quando a própria Taylor construiu toda uma discografia difamando antigos parceiros amorosos em suas músicas. A resposta da cantora veio em 2010, numa entrevista para a *Allure*, na qual relatou: "Sempre acreditei no perdão quando alguém tem a coragem de se desculpar com sinceridade." Quem conhece bem Taylor Swift sabe que ela sempre faz tudo com entusiasmo e, se houver uma oportunidade de fazer algo bem teatral e dramático, é isso que ela vai fazer. Obviamente, algum melodrama de *saloon* do Velho Oeste foi incorporado a esta performance com o penteado retrô e o vestido Dolce & Gabbana com corselete — um combo que pode parecer banal em alguns, mas que é pesaroso para Taylor. Aqui, ela põe todo o seu coração (e seus pés descalços) na oferta de um perdão genuíno.

“Sempre acreditei no perdão quando alguém tem a coragem de se desculpar com sinceridade.”

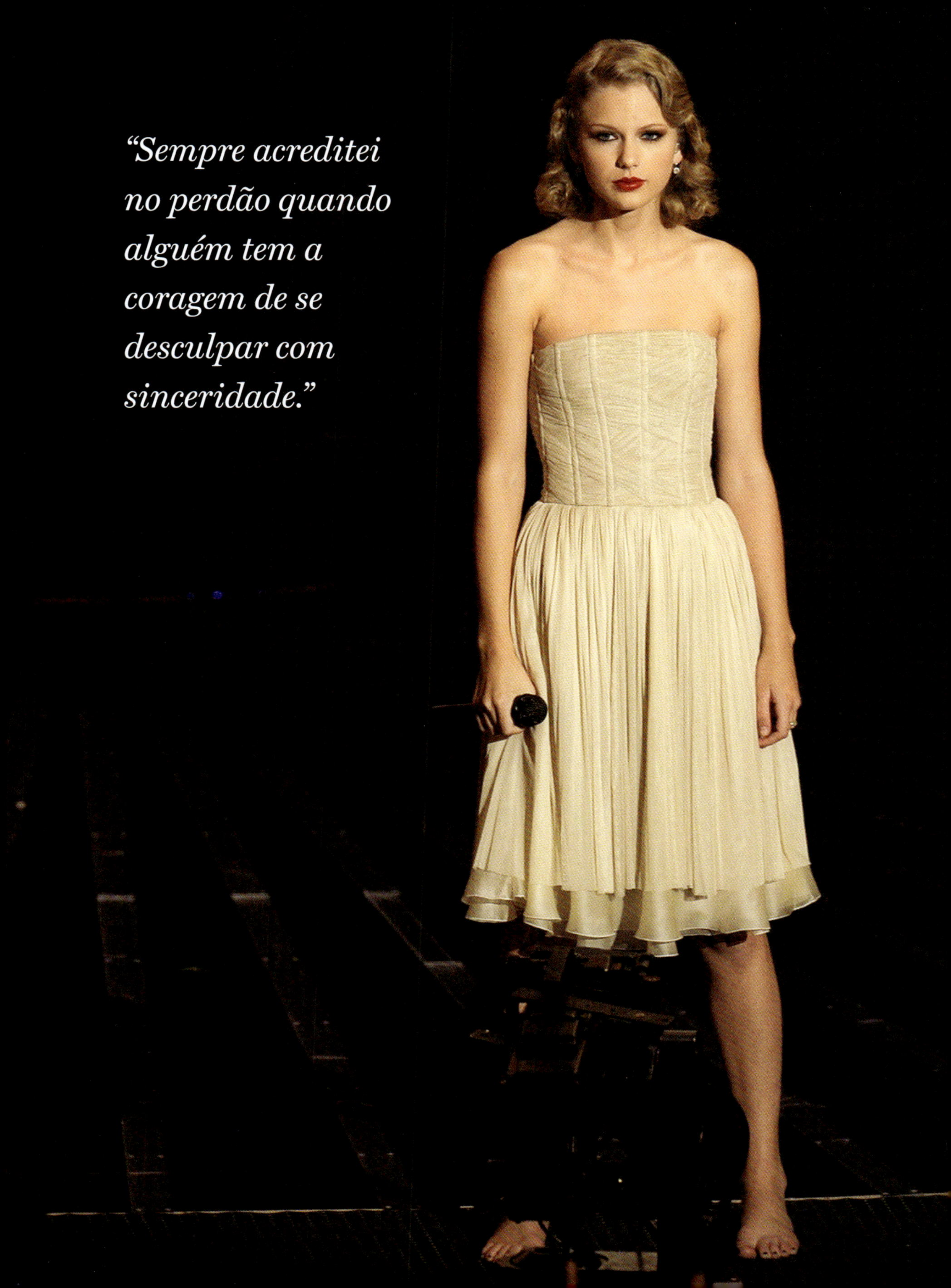

A dualidade da moda

"No mundo de Taylor Swift, camisetas Urban Outfitters e saltos stiletto Christian Louboutin de novecentos dólares são acolhidos com o mesmo fervor", era o que se lia na edição de julho de 2010 da *Marie Claire*. À medida que a carreira da cantora foi se desenvolvendo, também foi aumentando a dicotomia entre sua imagem de estrela acessível e a fama crescente. Taylor foi atingindo um nível astronômico de reconhecimento. Usava sapatos e bolsas de designers renomados a caminho de eventos de música e ao mesmo tempo escrevia versos muitíssimo confessionais e de fácil identificação comprando seus jeans na Topshop nos finais de semana.

Embora ainda não estivesse planejando lançar uma coleção de luxo na época, o interesse de Taylor pelo mundo do design de moda começava a tomar forma. Taylor não é daquelas que ficam na primeira fila nos desfiles, mas, durante a era *Speak Now*, de fato esteve presente em dois desfiles, de Roberto Cavalli e da Rodarte, que deram um vislumbre de sua incursão na alta-costura. Esses eventos eram oportunidades para brincar, para experimentar. Quase como se estivesse vestindo uma fantasia temporária, eles lhe permitiram arriscar uma nova identidade e sentir como era estar na pele daquele personagem.

(PRÓXIMA PÁGINA) Em setembro de 2010, Taylor compareceu ao desfile Primavera 2011 de Roberto Cavalli em sua melhor forma: como bem entendia. Para um designer conhecido principalmente por usar pouco tecido e pelas estampas animal print chamativas, fez sentido que Taylor escolhesse exagerar nas camadas e nos babados, se cobrindo o máximo possível e gerando um contraste com o que se via na passarela. O crítico Tim Blanks descreveu o desfile para a *Vogue* como "a criação de um espetáculo a partir das necessidades básicas", com crochê sugestivamente trançado, chiffon transparente e franjas estrategicamente posicionadas entre as peças que dominaram o desfile. Um traje como este poderia ter sido desastroso para muita gente, mas Taylor conseguiu o exato equilíbrio entre uma vovó espalhafatosa, uma fashionista da primeira fila de desfiles e uma romântica shakespeariana (com uma pitadinha excêntrica de pirata). O equilíbrio entre padrões, babados, cores e texturas é magistral. Meu detalhe favorito são as mangas boca de sino em camadas e com babados de sua blusa (e como elas atingem a última camada da saia de forma tão precisa!) contrastando com os cadarços pesados das botas. Este ainda é um dos meus looks favoritos e inesquecíveis dela.

(ACIMA) Em tese, o kitsch romântico, a extravagância artística e o fato de que a Rodarte havia recentemente desenhado os figurinos de balé para o filme *Cisne Negro* combinam-se perfeitamente para criar um *fashion moment* alinhado com Taylor e a estética de *Speak Now*. Comparecer ao desfile ofereceu a ela a oportunidade de usar um look que acolhesse sua feminilidade em um período turbulento, mas o que se viu foi um vestido que parecia uma toalha de mesa vintage e que deveria ter sido trancado e esquecido em um cofre para sempre. O *faux bob* mal acabado e saltos plataforma modernos incongruentes não ajudaram na composição. Esse caso perdido da moda, entretanto, tinha uma coisa boa: serviu para conectar Taylor à lendária editora da *Vogue*, Anna Wintour. Swift usaria muitos dos looks vistos nas passarelas deste desfile da Primavera 2012 na sessão de fotos em que estrearia seu hoje adorado corte *full fringe*, adotado por ela para a era *Red*.

Taylor Swift, a senhora é uma repetidora de acessórios

Lizzie McGuire — um sonho popstar, longa-metragem baseado em uma adorada série de comédia da Disney, tem uma cena icônica em que a antagonista Kate Sanders acusa Lizzie de ser uma "repetidora de looks". O termo foi usado em tom pejorativo. Como assim usar um item mais de uma vez? Que falta de criatividade... Assim como acontece com a protagonista de Hilary Duff, porém, o que torna o estilo de Taylor tão adorado e notado é a acessibilidade — especialmente em relação ao seu status de megacelebridade. A mistura magistral de designers de alta-costura com peças de varejo (pense em uma bolsa de mão de couro Dolce & Gabbana com um vestido Urban Outfitters) mantém na dianteira itens minimamente possíveis de serem adquiridos para seu público comum. Além dos versos confessionais, a frequência de reuso de peças, especialmente de acessórios, é o que faz de Swift uma arista tão identificável. Taylor disse: "É um fator de identificação. Se você se esforça demais para ser a garota perfeita, você simplesmente não será."

(ABAIXO E A SEGUIR) Em 2014, Taylor desfilou com uma série de bolsas de couro Dolce & Gabbana: os modelos Agata, Sara e Sofia, mais especificamente. Estes vinham na maior parte em tons neutros, como o preto básico ou um clássico cinza, e menos frequentemente a paleta se estendia para incluir tons chiques de verde aprovados pelo *Taylor Swift Style*. Os três modelos compartilham a preferência de Taylor por um formato com alça superior, que ela equilibrava no antebraço direito enquanto desfilava pelas ruas de Nova York.

Healthier
You

(À ESQUERDA) Esta bolsa Tod's Sella em tom marrom-claro tem um formato curvilíneo que contrasta com os inúmeros vestidinhos fofos, comportados e em tons pastel que Taylor usou em 2014. Numa época em que sua popularidade como ícone pop crescia exponencialmente, esse estilo mais sóbrio fazia uma contraposição aos brilhos e exageros que se esperavam de uma popstar. Isto é, só ressaltou seu gosto "pouco sexy" para bolsas de mão. Embora exista uma parte da cultura de fãs de celebridades que venera o altar de uma icônica bolsa Birkin, da Hermès (a efígie em couro da luxúria), ou uma bolsa Loewe Puzzle (uma parceria moderna da arquitetura fashion), é encantador que Taylor tenha evitado estilos excessivamente luxuosos ou modernos — ainda que suas marcas preferidas possam chocar uma pessoa comum pela quantidade de cifrões. Seu caminho está no deliciosamente monótono, no lindamente suave. Prova disso é que mesmo um iate de alta potência necessita de âncora.

(À DIREITA) Quando você considera uma bolsa digna de ser roubada, você tenta usá-la o máximo possível para aproveitar. Taylor confirmou em uma entrevista para o *Nightline* — realizada durante a sessão de fotos para sua terceira capa para a revista *Glamour* em 2012 — que ela surrupiou esta bolsa de couro Mark Cross do acervo da revista. "Eu precisava de uma bolsa para guardar meu sanduíche... para levar meu almoço para casa", disse ela, hesitando em tom de brincadeira. Por suas proporções generosas e pelo tom conhaque atemporal, posso entender por que ela gostou particularmente desta bolsa. É versátil o suficiente para combinar com quase qualquer roupa — e também para carregar uma infinidade de lanches.

Sem medo de demonstrar sentimentos, sem medo de usar roupas acessíveis

A sinceridade da era *Speak Now* em particular comanda todas as outras. É um dia fresco de outono em Nova York, folhas caídas espalhadas na calçada — tão cinematográfico que quase dá para ouvir Nora Ephron gritando "Ação!" em algum lugar dos bastidores. Taylor está na cidade para uma apresentação no Madison Square Garden (sua melhor amiga Selena Gomez alegraria a plateia fazendo uma aparição surpresa no palco para um dueto em "Who Says") e reproduz os elementos-chave de estilo da sua performance mais notável da turnê. Seus cachos estão presos em um atraente rabo de cavalo, o número 13 em tinta turquesa brilhante está pintado nas costas de sua mão direita. O look é a tradução fashion daquele exato momento em sua vida, e todas as peças conversam com muita naturalidade.

A paleta de cores com base em azul-marinho, amarelos fechados e bordô evoca uma Branca de Neve moderna. Em termos de materiais, lã e pregas suaves compõem uma camada delicada para as texturas mais fortes e estruturais como couro envernizado — a dicotomia de encontrar força na suavidade. E, claro, a mistura de peças da loja virtual ModCloth (conhecida por seu design moderno de inspiração vintage) com as grifes de alta-costura Fendi e Marc Jacobs = superstar do country/pop + garota perfeita.

(PRÓXIMA PÁGINA, À ESQUERDA) Fotografada a caminho da loja Rugby Ralph Lauren em Nova York com um suéter de lã RL da marca (claro!). Este look tem algo de caprichoso, suave, feminino, com uma pitada vintage pelas sapatilhas vermelhas. É *Speak Now* para o dia a dia na cidade.

(PRÓXIMA PÁGINA, À DIREITA) Este look é um grande exemplo do capricho da era, capaz de transformar um momento street style (com uma camiseta branca Free People, uma marca de varejo) em algo sonhador e delicado. As camadas em diferentes tons de Roxo *Speak Now* da saia (também da Free People) trazem um toque de cor, enquanto a bandana com cristais, o colar de pingente e as sandálias de salto Chelsea Crew pendem para o vintage. A bolsa Urban Outfitters e o cinto de couro são uma ótima repetição de elementos (ah, que saudade dos anos 2000, quando a gente podia lançar um cinto aleatório em qualquer look...).

Apresentando-se para fãs no Central Park antes do lançamento oficial de *Speak Now*, Taylor pega emprestada de Romeu uma túnica Alice + Olivia — sutilmente escrevendo para si o papel de seu próprio príncipe encantado, ao mesmo tempo que seu álbum autoral versa sobre a queda dos mitos do amor dos contos de fadas. O acréscimo do jeans skinny Paige Denim e das botas de cano alto Cole Haan sustenta o tema do drama moderno.

(PRÓXIMA PÁGINA) Tecidos mais leves e itens em cores mais suaves foram temas presentes na temporada *Speak Now*. Os gorros de crochê logo se tornaram acessórios indispensáveis, por acrescentarem tanto um toque harmonioso pela textura quanto um ar casual e descontraído ao seu estilo. A trama do gorro complementava a trança lateral que ela costumava usar naquela época, um estilo muito simples e feminino. Esses trajes conferiram àquela bolsa saddle Ralph Lauren e aos longos colares com pingentes uma tela em branco na qual poderiam se destacar como elementos mais estruturados. De 2010 a 2012, Taylor esteve em um ciclo de bolsas saddle Ralph Lauren de couro marrom. Ela alternou entre uma grande bolsa de camurça com costuras destacadas; uma de tamanho médio estilo Tremont, curvilínea e com fivela dupla; e uma pequena sanfonada de pele de bezerro, transversal, com uma fivela charmosa no centro. Pessoalmente acho todas ótimas opções. Observe que ela também está usando (e dando uma dica que poucos pescaram) um cordão com pingente de apito (À DIREITA).

BC
tern House

LOVE
POTION
Nº9

Suéteres com estampas fofinhas como estes da Topshop (panda) e da Wildfox (Love Potion) trazem um toque de juventude, acessibilidade e capricho aos looks. Outros temas repetidos incluem joias em camadas, jeans, uma trança romântica caída para a esquerda, botas de couro e uma bolsa de ombro com detalhes em couro. Taylor revelou para a *Associated Press* em 2010: "Eu tenho fases. Quando estava gravando meu novo álbum, usava uma trança do lado esquerdo todo dia. Simplesmente parecia ser o único estilo certo naquela época." São looks como esses que realçam sua imagem acessível e amigável: são facilmente reproduzíveis pelos fãs, mesmo aqueles que talvez não tenham acesso às mesmas grifes. Um tricô oversized aconchegante que pode ser retirado conforme a necessidade, uma bolsa de ombro de couro, botas e uma trança graciosa são coisas que qualquer pessoa pode copiar — e se sentir bonita! Eu só levei uma década para rastrear uma dessas bolsas saddle Ralph Lauren de segunda mão. Amo a aba curvada no topo e o detalhe da fivela dupla. É um dos poucos itens idênticos aos do guarda-roupa de Taylor que eu tenho, por isso gosto tanto. Mais do que isso, porém, existe um autoconhecimento e um senso de poder feminino nesses looks que soam como o próprio DNA de *Speak Now*. No seriado *New Girl*, a protagonista, Jess (Zooey Deschanel), afirma que o poder, a atitude e a tendência para exibir sua feminilidade não são mutuamente excludentes. "Eu gosto de pássaros. Eu uso roupas com bolinhas. Eu mexi em glitter nas últimas 24 horas... e isso não significa que eu não seja inteligente, durona e forte." Não é coincidência que Taylor tenha feito uma participação no final da segunda temporada da série em 2013. Anos mais tarde, em seu documentário de 2020, *Miss Americana*, Taylor expressaria opinião similar: "Quero amar glitter e também me posicionar sobre as injustiças que existem na nossa sociedade... Quero usar rosa e dizer o que eu penso sobre política. Não acho que uma coisa deva anular a outra." Temos aqui uma garota que compõe todas as suas músicas, varre todos os prêmios Grammy e toca em shows esgotados enquanto usa suéteres de corações com glitter à vontade.

Parte

II

O CAOS CONTIDO DO COUNTRY PARA O POP

RED
TAYLOR SWIFT
Westfield
LONDON W12

4

Red

UMA VOVÓ MODERNA E CHIQUE

Se os anos anteriores se concentraram em vislumbrar o que seria uma paixão adolescente, o quarto álbum de Taylor — *Red*, de 2012 — apaga completamente sua visão de mundo romântica com pinceladas de um único tom. *Red* é um álbum emocionalmente potente, embora sonoramente caótico, e nele Taylor unifica as temáticas e sua imagem sob lentes escarlate. A faixa-título até cria uma legenda útil codificada por cores, indicando de que maneira o vermelho se apresentou nas experiências amorosas de Swift.

Durante uma apresentação acústica para a série *Storyteller*, do canal VH1, Taylor descreveu a experiência sinestésica de escrever a canção que dá nome ao álbum. "Eu estava escrevendo ['Red'] e fiquei pensando sobre a correlação entre as cores e os diferentes sentimentos pelos quais passei", explicou. "O vermelho engloba essas emoções fortes e positivas, como coragem, paixão, amor, afeto; mas também um outro lado, de ciúme, raiva, frustração e 'você não retorna minhas ligações' e 'eu preciso de um tempo'", finaliza ela, simulando um tom irritado.

Poderia ser incluída na primeira categoria a faixa de abertura, "State of Grace", que atrai o ouvinte com a falsa sensação de um rock apoteótico pela batida da bateria. A música também faz o que, a meu ver, é a defesa da tese de todo o álbum: que o amor pode ser um jogo perigoso e amargo de estratégia e movimentos calculados — se você escolher não jogá-lo com o coração puro e aberto. São essas duas forças diametralmente opostas que fazem de *Red* uma experiência impactante do começo ao fim. O fogo lento da terceira faixa, a balada "Treacherous", é seguido pela pegada dubstep de "I Knew You Were Trouble" que precede a arrojada, épica e adorada faixa de cinco minutos e meio "All Too Well", cujas notas finais de guitarra sangram e se misturam à euforia agressiva de "22".

"Ter o mundo todo tratando minha vida amorosa como se fosse um esporte em que eu perco todas as partidas não ajudou muito a conseguir encontros na adolescência e no começo da vida adulta."

Tem gente que acha o efeito vertiginoso demais, porém, a meu ver, isso é proposital. Quer maneira melhor de capturar a confusão, a bagunça, a imprevisibilidade de navegar pelos seus vinte e poucos anos do que um álbum que perpassa as emoções mais rápido do que um semáforo?

De muitas formas, *Red* é uma ponte entre deixar de ser menina e tornar-se mulher, assim como também é uma ponte entre o country e o pop. Criado no auge dos primeiros anos da vida adulta, um momento complicado para todos, inclusive para Taylor, *Red* é uma lição de contrastes e crescimento caótico. Enquanto muitas pessoas da idade dela enfrentavam percalços comuns – os aprendizados confusos de uma primeira desilusão amorosa; a busca da própria identidade longe da segurança dos pais; a desilusão dos sonhos de infância nos limites relativamente seguros de um campus, os desafios de um primeiro emprego – Taylor testemunhava sua vida se desenrolar para o mundo, sob escrutínio público cada vez mais minucioso. Durante uma fala na New York University, ela definiu esse período: "Ter o mundo todo tratando minha vida amorosa como se fosse um esporte em que eu perco todas as partidas não ajudou muito a conseguir encontros na adolescência e no começo da vida adulta."

Bastante acertado, este look faz jus não apenas à cor vermelha e ao estilo vintage de Taylor, mas também incorpora acessórios retrô perfeitos — como os saltos prateados Mary Janes, de Arika Nerguiz, e o cinto de laço dourado White House. Para uma aparência mais coesa e unificada, eu sugeriria apenas que os itens metálicos tivessem uma combinação mais harmoniosa.

Elegante e refinada, com todas as armadilhas de um look típico da era *Red*: um vestido vermelho na altura do joelho (vintage), saltos nude (Prada) e seu combo de sempre: franja e batom vermelho. Essa é uma fórmula que ela vai repetir algumas vezes durante a divulgação do álbum. Taylor revelou para a *Harper's Bazaar* em 2012: "Existe algo de muito feminino em um vestido. Seja um vestido de verão bem despojado, um vestido de noite que faça com que eu me sinta chique, ou um modelo vintage que passe aquela vibe dona de casa dos anos 1950, o que eu de fato adoro, vai entender... eu simplesmente amo vestidos." Não é de surpreender que Taylor tenha citado Jackie Kennedy como seu ícone fashion (o que torna seu breve romance com o sobrinho--neto de Jackie, Conor Kennedy, um tanto esquisito). Em entrevista à *InStyle* em 2009, Taylor disse: "Eu me inspiro em como as pessoas se vestiam nos anos 1960 e na beleza da feminilidade de Jackie O."

O single principal de *Red*, "We Are Never Ever Getting Back Together", é um hino sobre término e uma promessa (embora atrevida e consciente) de quebrar um ciclo de relacionamentos instáveis. O refrão cativante e contagioso encapsula o conflito central do álbum: o desmoronamento caótico e prolongado de uma relação tóxica que um dia já fora tão promissora. Era a realização do que Taylor dissera à *Vogue* em 2012: "Tive uma decepção, já faz um tempo, mas que foi absolutamente devastadora e vai acabar sendo o tema do próximo álbum. A única maneira de eu me sentir melhor comigo mesma, de me livrar dessa dor horrível que é perder alguém, é escrever sobre isso, para ter algum tipo de entendimento."

Esse single também alertou o mundo sobre a próxima seara de dominação de Taylor Swift: a música pop. Enquanto sua música tecnicamente ainda estava sob o guarda-chuva do gênero "country", Taylor levou sua experimentação com sentimentos comumente associados ao pop muito mais longe do que jamais havia feito até então. Mais tarde, ela descreveria *Red* como "um álbum no qual eu me senti realmente forçada a experimentar... e a aprender, mas também em que me senti uma jovem que estava compondo sobre decepções amorosas."

A grande quantidade de singles pop do álbum ("We Are Never Ever Getting Back Together", "I Knew You Were Trouble" e "22") foi coproduzida pela respeitável dupla da realeza pop sueca Max Martin e Johan Shellback. Os dois foram responsáveis por basicamente metade do Top 100 da *Billboard* em qualquer ano das últimas duas décadas (Martin escreveu o megahit de Britney Spears "...Baby One More Time", só para ilustrar suas habilidades de composição pop). À exceção de "Begin Again", uma balada de amor acústica para tocar em rádios country, os maiores singles de *Red* gritavam um pop de apelo massivo.

Apesar de sentir que ainda tinha 22 anos e escrever músicas com as quais outras pessoas da mesma idade poderiam se identificar (e chorar, e dançar, e cantar aos berros dentro do carro), o estilo de Taylor na era *Red* a tornou, em suas próprias palavras, a "perfeita imagem da dona de casa dos anos 1950".

Vestidos e saias midi, saltos gatinho e discretos colares de pérolas foram peças-chave de seu estilo durante a divulgação de seu projeto mais pop até então. Enquanto visualmente Taylor sinalizava uma época muitas décadas anterior a ela, em termos de sonoridade o álbum *Red* alternava agressivamente, ao longo das faixas, entre notas do country acústico do seu passado e batidas dos sintetizadores de seu futuro ainda desconhecido.

O batom vermelho é um clássico

Na faixa-título do álbum, "Red", Taylor atrela a cor ao sentimento em uma relação: a paixão vermelho incandescente (e seus respectivos sinais vermelhos de alerta). As ondas impiedosas da depressão vêm em azul. A alegria e a empolgação de se apaixonar surgem em rosas e cerejas maduras. Não é de surpreender que esse álbum tenha solidificado um dos elementos mais característicos de Taylor: o clássico batom vermelho.

A maquiadora Gucci Westman aplicou o batom vermelho nos lábios de Taylor pela primeira vez em sua sessão de fotos para a capa da *Allure* — e o resto é história. Na ocasião, Taylor admitiu estar animada por experimentar a maquiagem, já que "nunca tinha usado antes". O batom vermelho é um item de beleza clássico e que, de alguma forma, fica no limite entre feminilidade e ousadia — o que é um resumo adequado de toda a carreira e de todo o posicionamento de Taylor. Tornar os lábios vermelhos o ponto focal de qualquer maquiagem chama, intrinsecamente, a atenção para a boca e quase de maneira inconsciente enfatiza o que a pessoa está dizendo (ou cantando). Em uma entrevista de 2010 para o *E!*, Taylor inclusive mencionou que o batom vermelho "realmente ajuda a demonstrar emoções". Como uma cantora/compositora confessional, Taylor pareceu destinada a selar seu look com um beijo marcado nessa cor.

Ela raramente é vista sem estar usando batom vermelho. Mesmo hoje, sua maquiagem ideal frequentemente conta com lábios carmesins. Em agosto de 2011, Taylor revelou à *Teen Vogue*: "Meus lábios são meu traço preferido para destacar com maquiagem. Seja um tom escuro bordô, ou um vermelho-cereja brilhante, eu combino com olhos mais suaves, para que eles tenham maior intensidade e as pessoas notem." O batom vermelho foi o acessório mais lógico ao longo da divulgação de *Red*.

O primeiro batom vermelho que Taylor usou está eternizado na revista *Allure*, e a honra pertence ao batom Color Intrigue Effects, de Elizabeth Arden, na versão Poppy Cream.

Ao longo dos anos, a lista de batons favoritos de Taylor se expandiu para incluir fórmulas variadas, como o lápis delineador de boca NARS nos tons Dragon Girl e Luxembourg: melancia e vermelho-tijolo, respectivamente. Durante seus dias como porta-voz da CoverGirl, Taylor elegeu o batom Exhibitionist Cream da marca na cor Hot como um de seus itens de prateleira essenciais. Anos mais tarde, a maquiadora Pat McGrath lançaria sua própria linha de produtos — fazendo a maquiagem e até mesmo aparecendo no clipe de "Bejeweled", de 2022. Pat diria a *Elle* (RU) que "elevou os lábios característicos de Taylor um nível acima" com o batom matte da sua marca, Liquilust, no tom Elson 4, e depois foi mais adiante, criando o que ela chamou de "contorno labial degradê" com três tons diferentes dos seus lápis de boca PermaGel: Deep Dive, Blood Lust e Deep Void. E nenhuma coleção de batom vermelho está completa sem o mais matte dos mattes: Ruby Woo, da MAC, ao qual Taylor rendeu elogios na revista *People* em 2015. Lorrie Turk, maquiadora de Taylor, revelou alguns outros tons de vermelho ideais usados por ela: Kyoto Red Silk, da Tatcha; Lip Color Matte na cor Flame, de Tom Ford; Rouge D'Armani Matte na cor Red to Go, de Armani Beauty; e Stunna Lip Paint na cor Uncensored, da Fenty Beauty, linha de maquiagem de Rihanna. Não se esqueça de mandar meu "oi" para o seu carrinho da Sephora!

A tia dos gatos usando salto gatinho. Enquanto divulgava o álbum *Red* em Londres em outubro de 2012, Taylor usou um conjunto elegante que denotava seu estilo vintage (leia-se: vovó moderna). Ela saiu das entrevistas em um vestido vintage com um corpete vermelho, bem na proposta da identidade visual do momento, e saltos gatinho da O Jour. O cabelo alisado caía discretamente por sobre um dos ombros para revelar os brincos de pérola. Na melhor das hipóteses, modesto. Na pior delas, antiquado. Em 2011, a *New Yorker* declarou grosseiramente: "Há quem discorde de que Swift promove um ideal nocivo de feminilidade virginal e submissa ao estilo dos anos 1950." Taylor completara 22 anos havia apenas dois meses, e imagino que os esforços concentrados para parecer mais velha e mais capaz foram uma hipercorreção intencional. Ela terminara havia pouco dois relacionamentos sérios com homens substancialmente mais velhos (John Mayer, 32, Jake Gyllenhaal, 31), mais de uma década mais velhos que ela na época do romance. Além disso, enfrentou o questionamento contínuo (e altamente misógino) da mídia sobre quem de fato detinha o controle sobre suas composições. A imagem aqui pinta o quadro de uma jovem que buscava, de forma determinada, parecer madura e equilibrada enquanto era chamada de tudo menos isso.

(PRÓXIMA PÁGINA) Estereotipado ou antiquado? Taylor apostou em um look com vestido mais justo até a cintura e mais solto dos quadris até a barra — completando com saia plissada —, além de saltos nude, para muitas de suas aparições durante a era *Red*. Desenhados em florais dignos de um conjunto de cortinas ou em tons marcadamente seguros de rosa-balé e nude, o tecido pode ser diferente, mas a silhueta facilmente duplicada realçou o propósito do look e criou uma sequência de imagens coesa do estilo usado nessa era. Da esquerda para a direita: vestido Reem Acra com salto Christian Louboutin; vestido Honor com salto O Jour.

SWARO
ENTERTAI
RELATIVITY MEDI
"ROMEO & JULIET"
ROS HUBBARD
BENEDETTO HABIB

FROM THE CRE

Vovó moderna

Durante o período *Red*, Taylor selecionou silhuetas icônicas estilo midcentury, como saias midi recatadas e shorts de cintura alta. Ela manteve seu umbigo escondido por anos, gerando até mesmo uma piada entre os fã, que questionavam se ela sequer tinha um. Como se tivesse saído diretamente da série *I Love Lucy*, o estilo *Red* de Taylor consolidou ainda mais a imagem tipicamente norte-americana que ela se esforçou tanto para cultivar. Mesmo tendo começado a se distanciar de forma provisória do country, Taylor preservava sua imagem marcante de boa menina.

No cerne da identidade visual de cada era há uma silhueta confiável e visualmente distinta, que segue uma fórmula, sim, mas ao mesmo tempo é divertida de observar. O amor eterno de Taylor por tudo que brilha continuou aparecendo, mas, durante a era *Red*, Taylor também ficou bastante obcecada por shorts de cintura alta. Do ponto de vista prático, a peça oferecia muita facilidade de movimento enquanto ela dançava no palco. Esteticamente, essa escolha acabou afastando Taylor de suas contemporâneas — que vestiam hot pants e bodies —, mas complementava a vibe retrô que ela buscava. Seu calçado vintage preferido passou a ser o oxford de cadarço sem salto, sublinhando uma alusão aos sapatos de dança do jazz clássico. Gosto do fato de que em ambos os looks mostrados aqui (com as blusas de lantejoulas de Rachel Gilbert e shorts customizados) as cores dos oxfords (Miu Miu e Prada, respectivamente) combinam com as blusas para criar um "look sanduíche" visualmente agradável.

A figurinista da turnê, Marina Toybina, havia prometido que o figurino de show de Taylor seguiria uma paleta de cores bem específica. "O álbum se chama *Red*, então os fãs podem esperar muito branco, vermelho e preto no palco", disse ela ao *Contact Music*. Conforme prometido, bases em preto e branco inspiradas em camisas de botão brancas masculinas com detalhes únicos — como o adorno metálico de PVC na sua camisa 3.1 Phillip Lim — foram incorporadas a chapéus e toques de cor vermelha, que aqui ficaram por conta dos sapatos Lanvin. Para um álbum que explora e brinca com dois gêneros opostos, essa abordagem estilo camisa de botão serviu como um contrapeso visual aos seus vestidos midi e saltos.

(PRÓXIMA PÁGINA) Junto com seus figurinos street style, Taylor também usou vários trajes customizados para os números mais teatrais durante a turnê — a maioria deles feita pela figurinista Marina Toybina, que revelou ao *Contact Music* ter levado dez dias para criar os figurinos, junto a uma equipe de quinze estilistas, costureiros e modistas. Um dos looks mais característicos, que Taylor viria a usar em diversas performances em premiações e também na turnê, era inspirado no circo, com cartola e cauda. Embora o traje pareça destoar da temática anos cinquenta dos looks da era *Red* (a despeito dos shorts de cintura alta), eu me pergunto se isso não seria uma alusão bem-humorada ao grande circo midiático que a vida de Taylor se tornou. Gosto de pensar que ela achou atrevido e divertido não apenas se posicionar no centro daquela tempestade caótica, como também se colocar no papel de líder do show. Marina classificou o processo de produção dos figurinos como "exaustivo". "Nós não dormimos muito por uma semana e meia. Mas tudo valeu pena quando vimos o resultado, e a alegria no rosto de Taylor compensou todo o esforço", disse ela.

“Eu escrevo bastante sobre a experiência feminina. Tenho fascínio por essa fase em que você se torna uma jovem mulher, quando está nessa idade tão frágil e vulnerável.”

Para esta apresentação no programa *The View*, Taylor parece particularmente certinha demais. A combinação de suéter poá retrô Oscar de la Renta, saia engomada de lã na altura do joelho e pérolas um tanto formais dá a impressão de que ela está prestes a cantar uma musiquinha para o jardim de infância. Vamos, soletrar é divertido!

Existe melhor maneira de encarnar a garota americana perfeita do que usando um clássico par de Keds? Em 2012, Taylor assinou um contrato de três anos com a icônica marca americana de tênis. Ao anunciar a parceria, ela disse: "Sou fã dos Keds há anos porque eles têm dois dos meus elementos favoritos para um ótimo estilo — são clássicos e não exigem esforço." Esse foi o seu projeto colaborativo de moda mais significativo até então, considerando suas participações anteriores em alguns anúncios para a L.E.I. Jeans em 2008 e para a Abercrombie & Fitch em 2004, além de uma parceria no desenvolvimento de vestidos de verão junto com a L.E.I por um curto período em 2009. A parceria de Taylor com a Keds rendeu sessões de foto promocionais e uma coleção feita para a turnê *Red*, para complementar seu figurino de palco. A coleção limitada que veio em seguida apresentou pares com a logo *Red* em relevo, além de estampas retrô que Taylor já costumava usar no dia a dia — como poá, florais e listras.

(PRÓXIMA PÁGINA, À ESQUERDA) Este pessoalmente é um dos meus looks favoritos da era *Red*. A óbvia referência à cor que é o cartão de visitas do álbum se foi, substituída por um preto simples e impactante. Mas mesmo sem o contexto da cor é fácil alocar o look àquele período, tamanho é o poder do visual tão característico de Taylor.
É claro que o banner ao fundo é uma boa pista (eu suponho), mas, mesmo que você desconsidere isso, ainda há outros marcadores-chave: a franja recém-cortada, o batom vermelho e o vestido vintage de tecido e corte muitíssimo óbvios formam uma combinação engenhosa com um par de Louboutins modernos, em PVC transparente com detalhes cravejados. Para mim, este look é o ponto em que a sonoridade de *Red* encontra o lugar mental e emocional de Taylor naquele momento — mais conhecido como pop moderno embrulhado numa estética vintage.

(PRÓXIMA PÁGINA, À DIREITA) O fato de esses saltos serem conhecidos como estilo "gatinho" provavelmente contribuiu em 13% no interesse de Taylor em usá-los durante a era *Red*. O restante, tenho certeza, foi por conta do ar vintage à la Audrey Hepburn, e porque eles ficam fofos com vestidos justos e de colarinho, como este de estampa de dados da NW3.

LOR
IFT
SWIFT
R SWIFT
TAYLOR
TAYLOR SW

É como se esse look tivesse um gênero próprio: Escola de Equitação para Garotas. A malha formal combinando com a calça de montaria com joelheiras (ambas Ralph Lauren), uma bolsa carteiro de couro volumosa (Beara Beara) e mocassins de veludo (French Sole) criam o perfil saboroso de uma aprendiz de amazona a caminho da aula. Adoro como o azul e o tom amarronzado do conjunto se relacionam perfeitamente com o tom de seus olhos e cabelo — sem dúvida, para mim merece nota 10.

(PÁGINA ANTERIOR) Vermelho e retrô: dois marcadores fáceis para determinar se um look pertence a esse período na vida de Taylor. Durante a cobertura de imprensa para o lançamento de *Red* em Londres, em novembro de 2012, ela saiu de seu quarto de hotel usando uma calça cigarrete bordô da Theory, com acessórios em preto (seus característicos Ray-Ban Wayfarers firmes no rosto, além dos saltos gatinho O Jour repetidos) e um colar de pérolas. O suéter French Connection dá continuidade ao ar vintage graças à estampa poá saltitante e oversized
Em um estilo peculiar de vovó dos gatos, com certeza irresistível para Taylor, uma das bolinhas tem o bordado de um gatinho adorável.

Em 2022, Taylor recebeu o diploma de doutorado honorário em Belas-Artes da New York University por sua contribuição significativa ao mundo da música e da arte. Como parte de seu discurso, referiu-se com carinho ao estilo da era *Red* como "constrangedor". Swift justificou sua escolha, no entanto, enfatizando que é necessário saber lidar com o constrangimento de existir. "Não importa o quanto a gente tente evitar, sempre vamos olhar para o nosso passado e morrer de vergonha", disse ela, lembrando que é quase certo que seu jeito de se vestir no presente certamente será visto como "revoltante e hilário" no futuro. Eu mesma tenho bastante vergonha de algumas coisas (alô, tênis com salto), mas, olhando em retrospecto, a maioria dos looks de "vovó" que Taylor usou nessa época eram bem fofos, embora um pouco antiquados. E, verdade seja dita, comprar itens vintage não apenas é uma escolha mais sustentável e consciente, mas também reforça o fator de identificação que Taylor provoca. Nem todo mundo pode comprar uma bolsa Prada, mas quase todo mundo pode tirar um fim de semana para garimpar peças vintage em brechós.

A verdade é que nenhum álbum resume melhor o "outono" do que *Red*. Ele está para a discografia de Taylor como o *latte* Pumpkin Spice[5] está para o café (e digo isso com muito carinho — muitos *lattes* desse tipo foram sacrificados durante a escrita deste livro). Para esta era, seu estilo do dia a dia foi sutilmente pincelado por *Red*. Casacos de lã encantadores, estampas retrô, bolsas saddle marrons e sapatos oxford com cadarço e sem salto foram combinados com itens mais modernos, como jeans skinny e jaquetas de couro, conferindo um ar vintage. Enquanto suas contemporâneas pendiam mais para as tendências do momento, os looks de Taylor traduziam seu eu mais autêntico. Ela falou sobre isso em entrevista ao Yahoo! em 2013, dizendo: "Acho que ter um estilo duradouro tem a ver com ignorar as tendências e simplesmente vestir o que a gente gosta e o que é clássico e simples." Mesmo usando jeans casual, pequenos toques como um par de oxfords ou um gorro de crochê afastavam levemente os looks de uma aparência moderna, como que para indicar que aquela pessoa passou em um brechó a caminho da Starbucks no fim de semana (o que, para ser justa, com certeza ela já fez). Taylor veste: casaco Topshop e bolsa Ralph Lauren; casaco Fay e oxfords Christian Louboutin.

[5] O *latte* Pumpkin Spice é um tipo de bebida feita com café espresso, leite vaporizado, açúcar e coberto com chantilly e especiarias usadas no preparo de torta de abóbora, típicas do outono dos Estados Unidos. (N.T)

Como eu mesma já saí muitas vezes no inverno para dar uma caminhada e manter a sanidade, me identifico de uma maneira muito pessoal com este momento particularmente genuíno. Em um dia nublado de janeiro de 2012, Taylor saiu para dar um passeio em Londres e até comprou ingresso para visitar o memorial da princesa Diana. Seu look ficou marcado para mim como um dos melhores desse período por ser um exemplo de que a moda outono/inverno pode ser facilmente reproduzida por qualquer pessoa. Materiais e estilos se mesclam habilmente: uma jaqueta de couro Rick Owens, uma bolsa saddle de camurça Ralph Lauren e um par de oxfords vintage Chanel compondo com um cachecol de tricô Nordstrom e (claro) um vestido com estampa de gatinhos da ASOS.

All Too Well

Em um fatídico Dia de Ação de Graças em novembro de 2010, Taylor foi fotografada junto de seu então namorado, o ator Jake Gyllenhaal. Apesar do frio do outono, ela parecia confortável usando um casaco peacoat preto, jeans e oxfords. Mais tarde, Taylor foi vista com a irmã de Gyllenhaal, Maggie, em cuja casa deixou seu cachecol Gucci listrado, por um acaso do destino. Este veio a se tornar "o cachecol mais famoso do mundo" pela narrativa de "All Too Well", prova de que a moda pode desempenhar um papel importante na memória sensorial — e na inspiração criativa.

O que agora se tornou uma balada fundamental no catálogo de Taylor — com menção especial ao sucesso da versão de dez minutos de 2022, que quebrou o recorde como canção mais longa a atingir o primeiro lugar do Top 100 da *Billboard* —, a versão original de "All Too Well", com cinco minutos, que estreou no álbum *Red,* é frequentemente citada como um marco na composição de Swift. E a base de toda essa grande e épica narrativa é um simples cachecol.

A música traça a jornada do cachecol a partir da espiral confortável ao redor do pescoço de Taylor no começo de um romance de outono, passando por seu abandono na casa de sua antiga cunhada, até sua residência final na gaveta de seu ex-namorado (onde, imagina-se, a peça está ao alcance dele para que possa cheirá-la em um arrependimento eterno pelo relacionamento falido). Para Taylor, isso traz algo de tangível e incontestável — uma reminiscência elegante de uma relação na qual a outra pessoa se esforçou ao máximo para negar ou minimizar a profundidade do vínculo. Algumas vezes, durante um término, você fica pensando se imaginou a coisa toda, mas o cachecol de Taylor torna impossível esquecer, minimizar ou apagar o amor que ela perdeu.

Diante de uma plateia no Tribeca Film Festival, falando sobre o curta "All Too Well", Taylor comentou sobre como esse relacionamento impactou profundamente sua visão sobre o amadurecimento. "Eu escrevo bastante sobre a experiência feminina. Tenho fascínio por essa fase em que você se torna uma jovem mulher, quando está nessa idade tão frágil e vulnerável." Tendo em mente essa declaração, o gosto de Taylor por cintura alta e graves silhuetas estilo "vovó" parece ser a consequência de um acontecimento tão devastador: a perda da juventude e da inocência. Sob esse ponto de vista, vemos uma menina muito jovem que tenta desesperadamente compensar essa juventude, abrindo mão da leveza para entrar numa corrida louca para parecer mais velha.

O mito de criação de "All Too Well" é uma lenda rock'n'roll. A história conta que, durante uma passagem de som na turnê *Speak Now*, Taylor caminhou até o microfone, e o que saiu não foram as músicas cuidadosamente ensaiadas de um setlist predeterminado, mas um caos e um fluxo desmedido de consciência, emoções recém-extraídas e sentimentos reprimidos em sua mente se esvaindo em tempo real numa canção. "Eu estava passando por uma fase bastante difícil, e então minha banda veio tocar junto comigo", contou Taylor ao *PopDust* sobre essa experiência. A verdadeira catarse de "All Too Well" é que ela assume uma nova proporção quando gritada em meio aos ecos de um estádio. A ponte da canção soa tão poderosa que, mesmo quem nunca segurou a mão de uma pessoa daquele jeito, sente como se estivesse no meio de um término difícil de superar. Seu status como favorita dos fãs foi de fato estabelecido quando Taylor escolheu tocá-la no mais popular de todos os palcos, o Grammy de 2014, usando um vestido Alberta Ferretti creme. Quando você está sustentando um álbum e uma canção que torna fácil a escolha de cores, parece mais pungente e distinto optar por um tom que não esteja na paleta carmesim. Escolher um vestido claro com detalhes de corrente enquanto libera toda a raiva e a dor de uma música como "All Too Well" significa, mais do que qualquer coisa, reclamar de volta a inocência da menina que ela já foi antes de ter sido pintada por qualquer tom de vermelho. Uma apresentação desse tipo normalmente é reservada para o single da vez, como uma oportunidade de melhorar a posição da música nos rankings. Mas, nesse caso, o que se viu foi um presente em sua mais pura forma tanto para os fãs quanto para ela própria — uma maneira de escoarmos nossa dor em uma sessão de terapia em grupo. Ao longo dos anos, Taylor tem falado sobre como a experiência ao vivo de "All Too Well" e a cativante receptividade dos fãs têm suplantado as memórias dolorosas que deram origem à canção. Na The Eras Tour, ela disse: "*Red* foi um álbum no qual escrevi sobre situações muito difíceis para mim... Escrevi sobre todas as coisas extremas que eu vinha sentindo. Quando fui tocar aquelas músicas pela primeira vez, uma delas em particular me causou uma dor imensa. E então cantei com vocês, e vocês cantaram de volta de forma tão apaixonada que foi incrivelmente transformador ver a forma como se identificaram com o que eu estava cantando, que eu não estava sozinha naquele momento. Então, de repente, cantar aqueles versos já não me machucava mais. Parecia que era sobre nós... Acho que vocês fizeram isso com todas as minhas músicas desde sempre. Vocês as redefiniram e as tornaram suas."

Dois dias diferentes, dois tipos muito diferentes de pura renda vermelha. Sobre um forro preto, com sapatos Prada nude e suavizado pelo cabelo levemente ondulado, o vestido vermelho French Connection que Taylor usou no iHeartRadio Music Festival em setembro de 2012 evoca um momento "hora do chá das garotas". Mas quando falamos do vestido Elie Saab com uma camada nude chantilly e tiras estrategicamente posicionadas, além do cabelo liso e brilhoso, a renda vermelha se torna apenas um pouco mais sexy e atraente, como visto no modelo mais chamativo do Billboard Music Awards em maio de 2012.

iHeart
RADIO
iHeart
RADIO
FRIEDA
NEW YORK
GRAND
2012
MUSIC

Quando anéis de papel realmente não servem

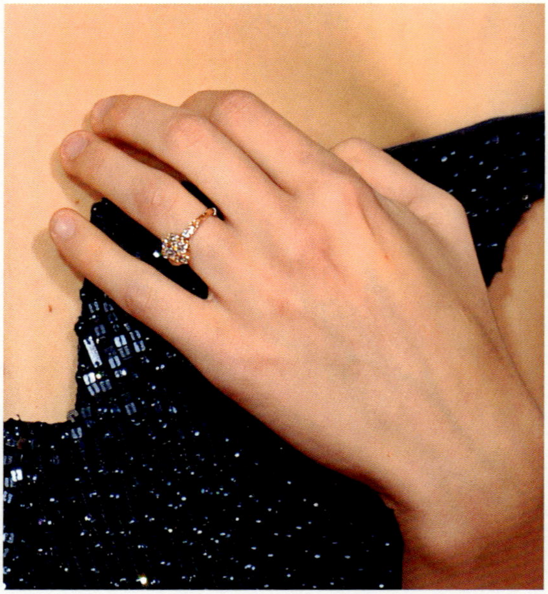

Enquanto certo cachecol ganha o prêmio de acessório mais famoso do guarda-roupa de Taylor, algumas outras peças-chave carregam o mesmo valor emocional.

(À ESQUERDA) Por muitos anos, Taylor foi vista usando este anel Lorraine Schwartz. A história dessa peça, na verdade, é muito fofa. Normalmente, joias concedidas a celebridades para o tapete vermelho são emprestadas (provavelmente porque a maioria custa algo em torno de seis dígitos?). Taylor usou este anel em particular, elaborado em um belo padrão floral, na noite do Grammy de 2010. Schwartz lhe deu o anel de presente como uma lembrança por seu primeiro prêmio de Álbum do Ano com *Fearless*.

(À DIREITA) A primeira vez que Taylor postou uma foto no Instagram usando um anel de diamantes "LOVE" Cathy Waterman foi em abril de 2012. Mãe de uma de suas amigas mais próximas, Claire Winter, Cathy já faz parte do círculo íntimo de Taylor. O anel foi originalmente um presente de mãe e filha. No mais puro estilo Taylor, o anel desempenhou de forma involuntária o papel de *easter egg* swiftiano, porque, seis meses depois, seria visto nas fotos para o quarto álbum de estúdio, *Red*, lançado em outubro de 2012. O padrão da joia é marca registrada de Cathy e apresenta um intricado trabalho em milgrain e uma fonte em curvas. "Se eu pudesse, tatuaria o meu amor em todas as pessoas que amo; criar o Love foi o mais perto que pude chegar dessa ideia", afirmou Cathy. Este anel é tão integrado à iconografia da estética *Red* que continuou seu legado pela década seguinte. Taylor de fato trabalhou com Cathy em 2021 para criar uma versão customizada do mesmo formato do anel, com a palavra "RED" em vez de "LOVE". Swift usou a peça na capa da versão regravada do álbum e o anel virou item de merch. "Essa parceria é importante para mim pessoalmente e também para a marca, é claro", disse Claire. "Minha mãe sempre disse que as pessoas com quem ela mais deseja se associar são mulheres talentosas, fortes e trabalhadoras. Taylor preenche os três itens da lista."

O terninho sexy J. Mendel marcou o primeiro tapete vermelho de Taylor no VMA desde a tomada de microfone repercutida no mundo todo. A doçura e o brilho dos vestidos do passado deram lugar ao terninho branco digno de uma sufragista, indicando uma força silenciosa e o desejo de passar uma borracha em tudo que aconteceu. O designer Gilles Mendel disse à *InStyle* que foi a própria Taylor quem vislumbrou o look. "Foi a primeira vez que ela usou um terno no tapete vermelho e [ela e seu stylist, Joseph Cassell] me desafiaram a criar alguma coisa que parecesse sexy e glamorosa, mas também extremamente refinada." Mendel ainda disse em 2012 para a *Hollywood Reporter*: "Não é comum que uma jovem tenha uma noção tão grande de como quer se vestir... Nós realmente fazemos um trabalho colaborativo quando ela tem uma ideia nova em mente." O designer foi tão inspirado pelo "forte ponto de vista" de Taylor que seguiria adiante recriando seu terninho com estampa laranja para a próxima coleção primavera/verão J. Mendel de 2013. "Normalmente são as coleções que influenciam o tapete vermelho, mas nesse caso foi o inverso", afirmou. As sandálias douradas Tom Ford complementaram o ar de empoderamento, impregnando o look com uma sutil energia de gladiadora.

A franja

Podemos todos nos unir em agradecimento à equipe de cabeleireiros da *Vogue* pelo fato de a testa de Taylor Swift raramente ter visto a luz do dia desde 2012. Durante a sessão de fotos para uma capa, um stylist no estúdio sugeriu que ela cortasse seus famosos cachos divididos ao meio usando a técnica *blowout*, alisando suavemente, e acrescentando uma franja elegante na altura das sobrancelhas. A resposta de Taylor depois de pensar bastante? "Ah, pode cortar. É a *Vogue*."

Até aquele ponto, seu cabelo tivera um papel enorme em seu reconhecimento mundial. Uma inspiração para meninas cacheadas em todo o mundo, os cachos de Taylor (com frequência jogados de forma dramática no palco durante suas performances "bate-cabelo") eram uma parte intrínseca de sua identidade e o que a diferenciava de muitas artistas da época. Durante a mesma entrevista para a *Vogue* em 2012, ela comentou como era maravilhoso olhar para um mar de pessoas nos seus shows e ver muitas cabeças cacheadas. "Eu me lembro de alisar meu cabelo porque eu queria ser como todo mundo, e agora a realidade é que as pessoas imitam o que eu faço? É engraçado. E maravilhoso."

Em uma gravação de bastidores para a sessão de fotos feita por Mario Testino, Taylor revelou que estava "animada para se distanciar da forma com que as pessoas me veem, mas ainda assim ser reconhecida. É um ótimo equilíbrio".

Ao longo dos anos, Taylor experimentou outros estilos de cabelo, porém mais frequentemente retornou ao cabelo comprido com franja que a *Vogue* estabeleceu para ela naquele dia providencial.

A figurinista Marina Toybina prometeu que as aparições consecutivas de Taylor no Grammy de 2013 (10 de fevereiro) e no BRIT de 2013 (20 de fevereiro) seriam desenhadas como intencionais e elegantes conceitos de "início e fim" — criando a linha "do yin para o yang" para as apresentações dos dois renomados prêmios. A dramatização e o figurino das performances seriam utilizados mais tarde na turnê *Red*, dando a Taylor a chance de testar seus recursos teatrais para a audiência da televisão. Enquanto sua apresentação de "We Are Never Ever Getting Back Together" no Grammy foi centrada no tema circense, a do BRIT, "I Knew You Were Trouble", foi, como prometido por Marina, uma produção "muito mais sombria". Taylor sempre adorou uma troca de roupa no palco; sua criança-atriz interior deve se deliciar com o efeito dramático. Mas em uma canção como "I Knew You Were Trouble", que explora sentimentos de vergonha e culpa por não conseguir evitar as armadilhas de um cara babaca — em vez de culpabilizar o dito cara babaca —, o figurino parece uma lente para a tomada de consciência do antes e depois.

Este vestido Carolina Herrera, usado no Globo de Ouro de 2014, foi um momento Grace Kelly, misturando a atitude e o glamour da antiga Hollywood com um toque de cor suavemente moderno, coerente com a paleta de *Red*.

(PRÓXIMA PÁGINA, À DIREITA) Embora este vestido tenha todas as características da era *Red* (a cor dos ornamentos e o cabelo alisado com franja), também parece significativamente mais despojado e menos uma fantasia do que as escolhas de Taylor para outros eventos. Em vez de seguir pelo caminho do vermelho explícito, o vestido nude Jenny Packham, usado no Country Music Association Awards de 2012, parece "pintado" com tinta vermelha por um pincel. O cabelo pende entre o liso que ela introduziu nesta era e os cachos do passado, formando um bom meio-termo.

(PRÓXIMA PÁGINA, À ESQUERDA) O tapete vermelho do BRIT de 2013 foi um momento hall da fama para mim. Este vestido preto e dourado Elie Saab foi como um precursor do estilo que viria a seguir, quando Taylor subiu ao palco para cantar "I Knew You Were Trouble". O jogo entre claro e escuro, sexy e elegante, e a malha com fenda combinando perfeitamente com a encenação teatral que aconteceria no palco mais tarde naquela noite. Pareceu também um momento de virada entre Taylor e a designer da peça, cujos modelos Taylor adorava e aos quais frequentemente recorria por seu apelo feminino. Se os pontos de destaque de seus vestidos Elie Saab anteriores eram brilho e lantejoulas, este conjunto azarão parece cativar sob um prisma mais rico. Não muito diferente dos próprios temas de *Red*, uma vez que oscila sonoramente entre dois gêneros. Taylor descreveu este vestido para o Yahoo! como um de seus preferidos.

46TH
CMA
AWARDS

Este é um dos meus looks favoritos de tapete vermelho de todos os tempos. O cabelo e a maquiagem são um sonho, apresentando um louro acinzentado mais contido e maduro com olhos esfumados. O vestido J. Mendel tem um tom de branco muito sofisticado, e os cortes laterais acrescentam um elemento divertido e moderno ao que seria um simples vestido tubinho (ao mesmo tempo que aludem a certa tendência futura do cropped). Mas são os elementos dourados e curvos que realmente me quebram.
Em uma era repleta de elementos obviamente vermelhos, para mim esta é uma referência suave (e dolorosamente chique) a *Red* e suas emoções caóticas. No prólogo do álbum, Taylor escreve: “Há algo de que se orgulhar em seguir em frente e perceber que o amor verdadeiro tem o brilho dourado de uma estrela, e não diminui ou se consome espontaneamente. Talvez eu escreva um álbum inteiro sobre esse tipo de amor se um dia eu encontrá-lo.” É de apertar o coração essa eterna visão romântica e irremediavelmente otimista que Taylor tem sobre o amor.

Por unanimidade, esta é minha aparição favorita de Taylor no Grammy, e o momento do tapete vermelho mais amado de todos os tempos. Taylor usou este vestido Gucci Première na cerimônia de 2014, quando *Red* perdeu com grande repercussão o prêmio de Álbum do Ano para *Random Access Memories*, do Daft Punk, um disco tão relevante culturalmente hoje quanto um pássaro extinto. O vestido tubinho brilhante com cota de malha foi inesperado de todas as maneiras — e aparentemente uma oportunidade perdida de seguir a rota do vermelho. Mas *Red* é um álbum sobre experimentação e curiosidade, de arriscar uma *skin* nova e atraente para ver como ela se encaixa. No passado, Taylor havia se voltado para os contos de fadas como fonte de inspiração, com sonhos de encontrar um amor digno de uma princesa. Aqui, ela busca ser seu próprio cavaleiro em armadura brilhante — e descobre que o traje lhe cai como uma luva.

"Ah, pode cortar. É a Vogue."

O canto country do cisne. De muitas maneiras, este look foi uma espécie de despedida ao gênero que efetivamente criou Taylor Swift. Em seus maduros 23 anos (a apenas um mês de seu aniversário na ocasião do evento, em novembro de 2013), Taylor recebeu a maior honraria da Country Music Association: o Pinnacle Award. O prêmio é concedido a artistas country que fizeram contribuições grandiosas para o gênero. Como de costume em uma carreira de sucessivos recordes, Taylor foi a única mulher a receber a honraria, e a mais jovem vencedora até então. Era o cumprimento de uma profecia, e o vestido que ela escolheu para a ocasião projetou a imagem da princesa do country em exercício curvando-se graciosamente para governar reinos mais amplos. Jonathan Keefe, colunista da revista *Slant*, observou em sua resenha sobre *Red* que "os destaques do álbum são o melhor trabalho da carreira de Swift, que agora soa como a popstar que sempre esteve destinada a ser." Tendo ido tão longe, Taylor entregou uma performance da faixa-título reduzida e com um toque acústico, acompanhada pelas lendas Alison Krauss e Vince Gill. Nada mais apropriado que ela surgisse em um vestido que capturasse não apenas o vermelho vibrante de seu último álbum notoriamente country, como também o sucesso de contos de fadas, fonte da qual ela tanto bebeu. Esse vestido de baile Elie Saab complementado com o batom vermelho combinando fez tudo isso e mais um pouco. Uma vez conquistado o country, o novo objetivo de Taylor seria escalar outro gênero.

abc
47TH CMA
47TH CMA AWARDS
47TH
abc

5

1989

OLHA QUEM ESTÁ USANDO MINISSAIA AGORA

Peça a qualquer pessoa para dizer a primeira música de Taylor Swift que lhe vier à cabeça, e há uma grande chance de que ela cite alguma de seu quinto álbum de estúdio, *1989, que fez um sucesso estrondoso e quebrou todos os recordes*. Provavelmente ela já ouviu "Shake It Off" no auge da pista de dança em uma festa de casamento. Ou talvez, sem querer, tenha dado risada com a batida satírica e irônica de "Blank Space", que debocha da vida amorosa altamente agitada de Taylor. Ou se lembre ainda da onírica, nebulosa e cheia de falsetes "Wildest Dreams". Nada disso seria uma surpresa, pois todas as três são singles multiplatina que dominaram a cultura pop na época de seu lançamento, em 2014. Para ser honesta, admito que sou um pouco tendenciosa quando digo que "Style" é uma das melhores composições pop de todos os tempos — e certamente meu single favorito de *1989*.

No entanto, sob o acabamento impecavelmente polido e acetinado da produção pop de *1989* existe um processo de construção de estilo e sonoridade que de fato levou anos para ser definido. Em entrevista à *Entertainment Weekly*, Taylor descreveu sua transição para o pop não como um "*crossover*", mas um "spillover", uma espécie de transbordamento, começando em 2008 com "Love Story" e sua infiltração country no ranking pop da *Billboard*. O álbum *1989* é o ápice desses destemidos esforços em direção ao novo gênero como um todo, e isso se reflete igualmente tanto em sua música quanto em sua mudança de vestuário.

Taylor passou anos buscando se manter em bons termos com as rádios country e acrescentou o banjo em suas músicas mais pop (atendendo ao pedido do dono de sua gravadora na época, Scott Borchetta) do álbum de transição *Red*. Ela emprestou o nome para premiações de música country, levando consigo o olhar do cobiçado grupo demográfico feminino dos 18 aos 49 anos. Porém, em 2014, estava pronta para apostar todas as fichas na música pop, e assim reformular sua imagem.

Aqui entra o conjuntinho.

Em junho de 2014, nosso primeiro flagra da nova abordagem de estilo de Taylor Swift não poderia ter sido mais específico. Nas ruas de Nova York (cidade então adotada como seu novo lar, onde comprara um apartamento no bairro Tribeca, a base para um grupo de paparazzi agitados em março de 2014), lá se foram os lindos cachos que iam até a cintura de uma estrela do country — e as botas de caubói, bem, foram arrancadas. Ela estreou um conjunto de cropped e saia evasê rosa marmorizado Aqua, marca da Bloomingdale's (peças de varejo e com valor acessível), combinando com saltos Miu Miu de 15 cm na cor nude (um par de sandálias de grife um pouco mais caras), que deixam as pernas alongadas, e finalizando lindamente com grampos de cabelo e uma bolsa de couro Anthropologie — o que demonstra que ela era (e é) uma rainha da elegância equilibrada.

O look de uma nova era. Em junho de 2014, uma Taylor decididamente "solteira e não a fim de ninguém" chegou à cidade de Nova York vestindo o que logo se tornaria a silhueta mais icônica de seu álbum de maior sucesso comercial até então: o conjuntinho. Taylor havia passado por uma série de situações difíceis, entrando e saindo de relacionamentos dramáticos, como foi documentado em seu álbum anterior, *Red*, então ela definiu este período de sua vida como um recomeço para focar a si mesma, sua independência e seu novo "relacionamento" com a cidade de Nova York. Este look incorpora a energia da "solteira gostosa": o conjunto rosa marmorizado com saia evasê esvoaçante é lindo, mas o salto de 15 cm e a barriguinha de fora expressam um nível de autoconfiança nunca antes visto até este momento no estilo de Taylor.

MGM GRAND
ACM AWARDS
ACM AWARDS
ACM AWARDS
MGM GRAND
ACM AWARDS
ACM AWARDS
MGM GRAND

A partir de então, Taylor tornou-se basicamente garota-propaganda do conjuntinho. Era sua maneira de dizer ao mundo, em alto e bom som, como ela gostaria de ser vista: chique, recomposta e poderosa. Pelo restante daquele verão — e ao longo da maior parte da era *1989*, na verdade —, ela usou conjuntinhos relativamente acessíveis de Ronny Kobo, Reformation e até H&M, fazendo par com saltos de design caros e vertiginosos (Louboutin, Jimmy Choo e Prada), além da sempre presente bolsa de ombro, normalmente de couro em preto ou nude, cuidadosamente equilibrada sobre um antebraço estendido.

Embora Taylor tenha cantado em "You Belong with Me", um sucesso de 2008, que suas rivais na escola vestiam minissaias enquanto ela preferia camisetas, na era *1989* Swift abraçou por completo cada minissaia que atravessou o seu caminho. Já não havia mais espaço para os recatados vestidos midi com sapatilhas, ou os looks de contos de fadas com botas de caubói. Taylor também abandonou seus tênis (à exceção de alguns pares estratégicos de Keds, mais tarde voltarei a esse assunto) e começou a usar salto alto de forma meticulosa. Como sua carreira alcançou um patamar mais elevado na música pop, assim ela também o fez, literalmente. A cantora de 1,80m tomou para si o trabalho de desfilar sobre saltos de 15 cm por toda a cidade de Nova York.

Olhando mais atentamente, o conjuntinho-uniforme de Taylor fez com que o mundo soubesse o que todos os swifties já sabiam: ela estava no comando.

Não é preciso ir além da própria gênese do álbum *1989*.

Sua sonoridade foi parcialmente inspirada pela mudança de Taylor dos confins seguros da capital da música country, Nashville, para a cidade de Nova York. Não é coincidência, portanto, que a faixa de abertura tenha o título de "Welcome to New York". Mas *1989* também foi resultado das falhas percebidas em *Red*. Quando *Red* perdeu o prêmio de Álbum do Ano no Grammy, os críticos culparam a frenética alternância entre gêneros, o que prejudicou as letras do álbum, repletas de sonoridade. O *New*

Embora o conjuntinho rosa usado em junho tenha sido o que realmente colocou lenha na sua era do cropped, Taylor presenteou os fãs de country com uma dica do que viria a ser sua aparição no Academy of Country Music Awards em abril de 2014. O conjunto J. Mendel era altamente moderno, além de ser um afastamento drástico dos vestidos de princesa que ela costumava usar. Diante da fenda na saia, dos recortes reveladores nos ombros e da barriguinha de fora, foi surpreendente notar a escolha de Taylor pela pele à mostra em vez dos brilhos. A confiança nos tons neutros e na silhueta limpa deixa o look preciso e moderno — claramente o prenúncio de uma nova era. Ela manteve a temática "preto e dourado" com uma escolha acertada de acessórios, como uma linda micro clutch M2Malletier, joias Marina B e Jennifer Fisher e sandálias de tiras Casadei.

York Times observou: "Nunca foi uma questão sobre se [Taylor] seria uma completa popstar; a única questão era saber de que tipo." A réplica de Taylor foi *1989*, um álbum "sonoramente coeso", combinado com uma indumentária visualmente coesa.

Taylor revelou à *Billboard* em 2014 como sua gravadora na época tentou dissuadi-la de lançar um álbum totalmente pop, por medo de que seu leal público country não a acompanhasse. Ela descreveu como Scott Borchetta implorou para acrescentar um violino em "Shake It Off" ou incluir "três faixas country", mesmo fora da lista prevista para o disco, e apaziguar o público que havia construído sua carreira. Apesar da dúvida, Swift seguiu seus instintos. "Todo mundo, dentro e fora do meio musical, ficou me dizendo que minha opinião e meu ponto de vista eram ingênuos e excessivamente otimistas, até mesmo pessoas da minha própria gravadora. Mas, quando os primeiros números começaram a chegar, de repente eu já não parecia mais tão ingênua", comentou ela após o registro de vendas arrasador de *1989* logo na primeira semana: 1,287 milhão de cópias. O álbum foi o primeiro de 2014 a ultrapassar a marca de um milhão de cópias vendidas na primeira semana. Isso também fez de Taylor a primeira artista com três álbuns a realizar esse feito. E, se isso não foi o suficiente, a regravação de 2023 (Taylor's Version) bateu os números da primeira semana original quase uma década depois, com vertiginosas 400 mil cópias a mais. Estamos falando de um álbum que "never goes out of style". Em entrevista à *Rolling Stone* em 2019, Taylor refletiria que "muitas das melhores coisas que eu já fiz criativamente foram aquelas pelas quais realmente tive que lutar (...) para que acontecessem."

Apesar do novo direcionamento musical do álbum, a feminilidade natural em suas escolhas de look manteve sua imagem e ressoou de modo verdadeiro — e consistente — com seu estilo feminino. Mesmo em um dos centros urbanos mais populosos do mundo, Taylor ainda mantinha uma qualidade acessível e uma cordialidade inabalável, reforçada por uma sensação de poder condizente com seu novo lar e a nova fase de sua carreira. Eis a verdadeira força do cropped: a energia de uma mulher que reconhece plenamente suas habilidades profissionais e seu senso estético, de uma maneira inegavelmente feminina. Claro, é necessário certo nível de autoconfiança para brilhar em um terninho de alfaiataria, mas há algo ainda mais incrível em pegar uma saia evasê rosa, combiná-la com um top e fazer desse o seu Look Arrasador.

“Todo mundo, dentro e fora do meio musical, ficou me dizendo que minha opinião e meu ponto de vista eram ingênuos e excessivamente otimistas, até mesmo pessoas da minha própria gravadora. Mas, quando os primeiros números começaram a chegar, de repente eu já não parecia mais tão ingênua.”

"Hot Girl Summer" na prática. Taylor confiou em uma fórmula consistente com a combinação cropped e saia, bolsa de mão de couro e salto 15 no verão que antecedeu o lançamento de *1989*, em outubro de 2014. A predominância foi em torno de tons pastel, padronagens ousadas e cores fortes e vibrantes. De muitas maneiras, o conjuntinho foi meramente uma evolução dos vestidos femininos que muito a favoreceram nos anos iniciais — demonstra confiança na forma e mantém a lealdade à praticidade de um vestido. Taylor veste: conjunto floral listrado H&M, bolsa Prada, saltos Elie Saab; conjunto poá Reformation, bolsa Kate Spade, saltos Pikolinos; conjunto pêssego Alice + Olivia, bolsa Tods, saltos Jimmy Choo.

ANGELICA
KITCHEN

Uma caminhada casual no Central Park com salto 12 cm, coisa de Taylor Swift. Os acessórios aqui dão um toque cítrico divertido, bem verão contra o cinza marmorizado do conjunto — embora pareçam destoar um do outro sutilmente.

(PÁGINA ANTERIOR) Este vestido Reformation verde-menta perfeito para o verão foi combinado com acessórios de design, incluindo os absolutamente vertiginosos saltos Louboutin 15 cm rosa. Trata-se de uma composição divertida, entre o fofo e o apimentado. É Taylor emanando poder e liderança no giro de sua linda minissaia e na ponta afiada do salto stiletto. Em termos de cores, é um prenúncio da apresentação no Grammy de 2015, que aconteceria dali a seis meses. O pingente "S" no cordão Lulu Frost não é uma autorreferência a seu sobrenome, mas sim uma homenagem à amiga Selena Gomez, que fazia aniversário no dia em que Taylor saiu com este look.

Look perfeitamente alinhado com o tema e também fresco e elegante. É o tipo exato de traje que uma pessoa precisa para anunciar o lançamento de seu primeiro álbum totalmente pop — e nada mais, nada menos que no topo do Empire State! O anúncio no terraço de um dos pontos turísticos mais famosos de Nova York de fato representou sua nova estética urbana. O cropped e a saia brancos Lovers + Friends combinam, porém são peças separadas, e ambos ficam mais modernos com esses interessantes cortes a laser na barra. A paleta azul e branca combina de forma agradável com as cores associadas ao encarte do álbum *1989* e com o horizonte ensolarado de Nova York. O stylist de Taylor claramente conferiu a previsão do tempo para ter certeza de que o Empire State e o céu complementariam seu look. Eu sempre me rendo diante de um salto com tira no tornozelo e a uma pincelada de cor, como é o caso deste par de sandálias azuis de tecido Monique Lhuillier. Com seu intenso batom vermelho, seus Ray-Ban Wayfarers e os cabelos no lugar com seu chique *bob cut*, esse look tinha tudo para ser a assinatura da era.

(À DIREITA) Existem duas coisas que você precisa saber sobre Taylor Swift: ela sempre segue uma piada até o fim, e a garota ama o Natal. Para essa apresentação no Jingle Ball em seu aniversário de 25 anos, Taylor usou um conjunto Jessica Jones customizado de duas peças, como preconizado pelas regras de estilo da era em questão, em uma estampa xadrez festiva e botas afiveladas Jimmy Choo. Quando você é o próprio presente para a indústria da música, o embrulho é uma cortesia.

WELCOME TO NEW YORK

Em uma entrevista promocional para a *Rolling Stone* concedida durante uma caminhada pelo Central Park, Taylor usou um conjunto de duas peças Alice + Olivia cinza-marmorizado, com Louboutins de camurça rosa e uma contrastante bolsa amarela Dolce & Gabbana. O entrevistador notou o look "definitivamente impróprio para um parque", mas ficou impressionado com a destreza de Taylor em passar por entre as trilhas errantes com um salto de 12 cm e uma saia esvoaçante, tamanho era seu comprometimento com a estética da era.

Ainda assim, uma constante do estilo de Taylor e, de fato, uma grande parte de seu apelo para os fãs é o fator identificação. Em cada look que se repete há algo que a mantém acessível, que faz com que ela continue transmitindo esse sentimento de conexão. Isso faz com que seu estilo seja imediatamente identificável (o que é muito importante quando se constrói um legado visual) e também gostoso de imitar. A estética Taylor Swift captura o coração dos fãs e permeia a cultura de forma tão profunda que era comum ver o público da turnê *1989* usando conjuntinhos, jaquetas de lantejoulas e figurinos feitos com cola quente para imitar looks de seus clipes. Certamente era algo difícil de equilibrar, tendo em vista que seu biotipo delgado, os cabelos louros e a altura de modelo eram ainda mais realçados pelas roupas. Seu gosto por acessórios de grife, embora um tanto contido para uma celebridade de seu porte quando comparado a outros artistas de primeira linha — mesmo prestigiando marcas mais acessíveis como Urban Outfitters ou Brandy Melville —, pareceu mais inalcançável do que nunca para os fãs que queriam imitar seus looks. As peças impecáveis combinando e o *bob cut* arrumado e elegante juntavam-se aos saltos vertiginosos que não eram algo natural para o dia a dia dos fãs. Para contrabalancear, em uma excelente jogada de marketing, Taylor continuou sua parceria com a Keds, equilibrando seus saltos com algo mais pé no chão — literalmente.

Juntos, Swift e Keds lançaram uma coleção exclusiva que resgatava a gaivota da capa de *1989*. Outros modelos tinham a logo da turnê gravada e, claro, gatos.

No evento de lançamento da coleção limitada com a Keds, Taylor coordenou com destreza um macaquinho branco Rachel Zoe com um par de tênis da coleção, na cor azul-marinho e com a linha do horizonte de Nova York estampada, além de, claro, o título da faixa de abertura de *1989*, "Welcome to New York" — a composição de cores combina de forma perfeita com o banner promocional ao fundo. Nova York foi grande parte de sua inspiração para o álbum, então fazia sentido incluir referências sutis à cidade que provocou a centelha dessa criatividade. Neste mesmo dia, a caminho do evento anterior, Taylor havia usado o macacão com saltos azul-claros de ninguém mais, ninguém menos que uma das nova-iorquinas mais elegantes e icônicas: Sarah Jessica Parker, uma escolha mais coerente com a estética chique da era.

As Sessões Secretas

"Você é a especialista, é você quem tem que me dizer. Ou você pode olhar a etiqueta, se quiser!"

Estou no apartamento de Taylor em Nova York, e ela está dando um giro gracioso sobre um par de Louboutins prata espelhados para que eu possa checar a etiqueta em seu vestidinho preto — confirmando que é, de fato, o vestido de brocado Erin Fetherston que eu havia postado no meu blog dois anos antes. Parece um momento de intimidade entre duas amigas próximas fazendo a checagem final do look antes de sair para jantar. Mas não é bem isso. Não é porque uma das meninas sou eu, uma fã de 22 anos que tem um blog de moda sobre ela; e a outra é a Taylor Swift, que está naquele apartamento que por acaso é o apartamento dela. Meu cérebro está totalmente em modo hamster-na-rodinha-de-exercício, correndo sem parar e gritando "ai meu Deus, ai meu Deus, ai meu Deus, ai meu Deus!".

Codinomes secretos, lugares de encontro clandestinos, múltiplas varreduras de segurança, assinatura de acordos de confidencialidade. Não, não se trata de uma investigação federal altamente sigilosa; é apenas o processo natural de triagem para as Sessões Secretas. As Sessões Secretas são, como o nome indica, um evento altamente sigiloso que reúne alguns dos maiores fãs de Taylor Swift para serem os primeiros a ouvir seus álbuns antes do lançamento oficial. Essas sessões aconteceram algumas semanas antes dos lançamentos de *1989*, *reputation* e *Lover*.

O formato era único e sem precedentes. Os encontros enfatizavam o incrível senso de confiança e o elo muito próximo que Taylor sente com seus fãs — próximo o bastante para que ela não apenas peça que eles escutem suas músicas inéditas antes de todo mundo, mas para recebê-los em sua própria casa. A música de Taylor sempre abriu as portas para que os fãs entrassem em seu mundo lírico, mas entrar em seu mundo físico, em sua casa, é algo muitos passos à frente. Para realizar as Sessões Secretas durante a era *1989* (momento em que ela explodira no pop *mainstream* com "Shake It Off"), Taylor fez valer sua incrível habilidade de criar momentos virais e comercializáveis a partir de relacionamentos autênticos.

Em outubro de 2014, quando o Taylor Nation (fã-clube oficial) entrou em contato comigo para perguntar meu nome completo e se eu estaria disponível para um evento totalmente confidencial, na hora eu senti no fundo do meu coração de hamster batendo violentamente o que aquilo significava. As Sessões Secretas para *1989* já haviam sido realizadas naquela mesma semana nas residências de Swift em Los Angeles e em Nashville, inundando meu feed de atualizações e levando todos os swifties a um frenesi coletivo. Mas isso também queria dizer que, por eliminação, havia cinquenta por cento de chance de eu ser convidada para conhecer a casa em que Taylor passara mais tempo do que qualquer outra, tendo-a adquirido no início daquele ano: seu lar em Nova York. E eu fui convidada. Depois que

O que uma pessoa deve vestir para encontrar seu ídolo? Se eu fosse criticar meu próprio look após todos esses anos, fico feliz em dizer que há elementos que eu e — ouso dizer — também Taylor repetiríamos hoje em dia. Uma minissaia florida realçada por um top preto e botas pretas de couro de cano alto fazendo "estilo sanduíche" definitivamente são uma fórmula que eu usaria no presente. Mas minha lembrança mais significativa é que esta pose foi ideia dela, porque tínhamos que fazer alguma coisa "fashion" para a foto.

me levantei do chão (porque aparentemente minhas pernas não sabem lidar com notícias empolgantes) e tentei parar de hiperventilar (meus pulmões foram comparsas das minhas pernas), reservei um voo de Vancouver para Nova York.

Enquanto trocávamos histórias sobre seu processo de composição, degustando cookies que ela mesma preparara, fiz uma piada sobre meu blog, o *Taylor Swift Style*. Taylor riu. É que, caso você não saiba, ela tem uma música chamada "Style". Yep, momento épico desbloqueado.

Se você nunca teve a oportunidade de conhecer Taylor Swift, recomendo fortemente. Ela é 10/10. Ou melhor, 13/10! Taylor é delicada e calorosa, comprometida e focada. Faz com que você se sinta a única pessoa no ambiente mesmo se você estiver falando sobre seu voo vindo do Canadá ou quais cafeterias no SoHo você conseguiu visitar, ou como a obra dela mudou sua trajetória e o sentido de toda a sua vida. Uma conversa leve e casual. Swift também dá abraços excelentes, e sua risada parece o som de um coral de anjos.

Taylor me presenteou com muitas coisas aquela noite. Primeiro, a oportunidade incrível de encontrá-la naquele ambiente tão raro e íntimo — sua casa cheia de gatinhos adoráveis que vão deitar no seu antebraço alegremente como se fossem luvas felpudas, troféus Grammy em redomas douradas, livros antigos com lombadas apagadas e uma modelo chamada Karlie Kloss aparecendo rapidinho só para dar um oi. Depois, Taylor também fez com que a primeira canção que eu escutasse em minha primeira visita àquela cidade fosse "Welcome to New York", a incrivelmente apropriada faixa de abertura de seu álbum *1989*. Escutei a canção sentada de pernas cruzadas no chão de madeira desgastado, sobre o qual havia tapetes vintage ricamente bordados; a luz suave de dez mil abajures (principalmente na mesa) e velas (exclusivamente com fragrâncias Le Labo) iluminando o espaço, e o aroma cálido de cookies de chai pelo ar.

Se eu já não estivesse bastante ciente deste fato, eu diria que Taylor Swift é a rainha quando se trata de criar momentos especiais.

(PRÓXIMA PÁGINA) Enquanto eu encontrava minha melhor amiga no terraço do Empire State à meia-noite (parecia algo arrebatador para se fazer em Nova York), Taylor Swift estava saindo de seu apartamento no SoHo depois de passar uma noite compartilhando seu ainda inédito *1989* com 89 fãs escolhidos a dedo, eu entre eles. Reconheci seu vestido de brocado Erin Fetherston, que já havia sido usado alguns anos antes em um encontro com Harry Styles. Um vestido como este é identificável para um olho treinado graças ao brocado decorativo, mas trata-se de uma peça atemporal e que funciona para qualquer ocasião chique (ou cheia de fãs). A habilidade característica de Taylor em equilibrar itens de design com peças de varejo se aplica aqui, neste combo bolsa da Aldo de cinquenta dólares com Louboutins de 1.345 dólares.

A frustração do *squad*

A popularidade de Taylor durante a era *1989* subiu como nunca, e não apenas com o público geral, mas também com outros famosos. Foi nesse período que *squad goals*[6] se tornou uma expressão fortemente conectada ao apelo e à imagem de Taylor. Amizades foram forjadas com modelos loiras de pernas compridas ou influenciadoras populares do momento e depois consolidadas no clipe de "Bad Blood". A versão remixada com o rapper Kendrick Lamar foi uma ode de grande orçamento aos filmes de ação de super-heróis, com uma pitada saudável de James Bond. A lista de convidados incluiu Selena Gomez, Gigi Hadid, Zendaya, Martha Hunt, Lily Aldridge, Karlie Kloss e Cara Delevingne, além de uma dezena de outras modelos e atrizes.

Anos mais tarde, ao refletir sobre esse período e sobre a imagem que projetou para o mundo e para os fãs, Taylor reconheceu cicatrizes profundas sob a superfície. Em entrevista à *Elle* em 2019, ela se abriu sobre sua infância solitária e a falta de companhia no recreio que a assombraram no passado. "Depois que completei meus vinte anos, me vi rodeada de garotas que queriam ser minhas amigas. Então eu gritei isso do topo dos prédios, postei fotos e comemorei minha recém-descoberta aceitação em uma irmandade, sem perceber que outras pessoas ainda poderiam se sentir sozinhas como eu me sentia. É importante continuar lidando com traumas do passado, caso contrário corremos o risco de nos tornarmos a própria encarnação deles."

Fazendo parte do grupinho. No Billboard Music Awards de 2015, o "encontro" de Taylor para aquela noite foi um grupo de amigas que coestrelaram seu clipe de "Bad Blood" — lançado por ela exclusivamente na abertura da apresentação para o prêmio. Os acessórios remetiam à premiação graças à clutch customizada Edie Parker. O macacão chique Balmain conferiu uma base clean para que a clutch realmente se destacasse. Ao mesmo tempo, recortes dramáticos e profundos resgatam a essência do conjuntinho que é a característica fashion de *1989* e que, aqui, em uma olhada rápida, parecem uma composição de cropped e calça.

[6] Derivação de *squad* ("pelotão" em inglês), uma gíria para "grupo de amigos", *squad goals*, cuja tradução literal seria "metas do grupo", é uma expressão que se tornou popular nas mídias sociais durante os anos 2000 para simbolizar as aspirações ou os ideais que uma pessoa ou grupo de amigos possui em relação ao seu círculo social. Postar uma foto fazendo algo divertido ou feliz com seu grupo com a hashtag "squadgoals" diria que sua "meta" é ter ou manter uma amizade tão unida e divertida quanto aquela da imagem, por exemplo. (N.T.)

Frostbyte

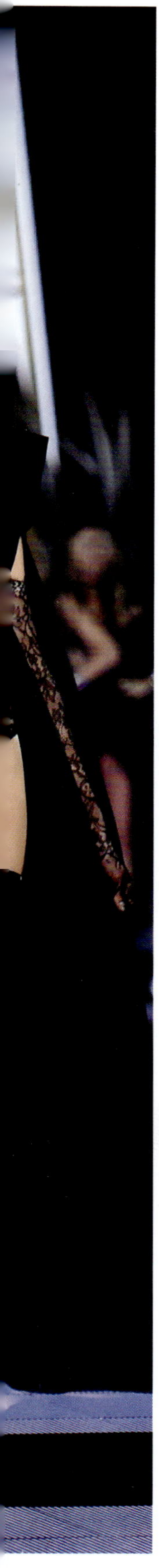

Vibe "modelo de folga". Talvez inspirada pelo seu grupo de amigas fashionistas, este look grita "na passarela". O estilo de *1989* era amplamente centrado em conjuntinhos, mas um macacão — como este Reformation sem alças — é a epítome de uma boa combinação *top/bottom*. Acessórios de grife como a bolsa Dolce & Gabbana e Louboutins (este par já havia sido usado no tapete vermelho do iHeartRadio MuchMusic Video Awards de 2013) acrescentam um toque de elegância. Um look all-black com batom vermelho nunca sairá de moda.

(ANTES) O grupinho de Taylor era composto por uma verdadeira lista de supermodelos, incluindo Karlie Kloss, que ela conheceu depois de uma apresentação no Victoria's Secret Fashion Show em 2013 (Taylor voltou para mais uma apresentação no ano seguinte). Presume-se que a conexão entre as duas tenha se dado a princípio por conta de ambas serem loiras, altas e capazes de preparar uma fornada de cookies em um piscar de olhos.

Uma coisa é certa em todo e qualquer show de Taylor Swift: vai haver brilho. Mas criar figurinos de turnê que capturassem uma mudança de estilo tão dramática e poderosa e ao mesmo tempo resguardassem sua imagem de feminilidade (principalmente quando projetada em telões de estádios para dezenas de milhares de pessoas) era... complicado, para dizer o mínimo. O ponto central dessa era continuou a ser seu figurino de palco. Aqui, as lantejoulas da turnê foram frequentemente cortadas na altura da barriga (seguindo o estilo supremacia do cropped) ou costuradas em collants aprumados, como a rara versão de alta-costura Zuhair Murad fora de coleção (À ESQUERDA) que ela usou para interpretar o auge do seu repertório pop, "Style" (em minha opinião completamente imparcial). Os saltos também desempenharam um papel-chave em todos os seus looks. Nas turnês anteriores, Taylor orbitou em torno de modelos mais fáceis de caminhar, como botas de caubói, botas de couro retas de cano alto ou oxfords de cadarço. Mas a verdade é que não houve caminhada mais poderosa do que com saltos Stuart Weitzman, ou botinhas de salto, ou as meias 7/8 com liga acoplada (hot!) que ela usou na turnê *1989*. Especialmente junto com conjuntinhos ou cropped e saias Jessica Jones ou uma jaqueta bomber de lantejoulas Libertine.

M BRADL TER

O *bob cut*

Taylor Swift não é a primeira mulher a tomar decisões drásticas quanto ao corte de cabelo após um término. E, embora outras celebridades certamente tenham passado por mudanças capilares muito mais dramáticas, algumas pessoas mencionam que a era *1989* começou nos bastidores da última noite da turnê *Red* na Europa quando, vestindo uma camisa xadrez Rails casual e cercada de amigos, Taylor transformou seus tão característicos cachos em um *bob cut* superestiloso. Por volta de uma semana depois — de acordo com uma polaroid no encarte de *1989* —, ela escreveria "Style", um recado bem direto (e fashion) ao suposto objeto da canção, Harry Styles.

No auge da popularidade do álbum, a sequência impecável de sucessos — "Shake It Off", "Blank Space", "Bad Blood" e "Out of the Woods" — foi o complemento sonoro perfeito para sacramentar sua nova era fashion nova-iorquina. Taylor era fotografada quase todos os dias — às vezes duas vezes por dia — em várias combinações de looks com barriga de fora e salto, quase sempre saindo de academias badaladas em Tribeca e no SoHo, sempre com seu *bob cut* arrumado e com movimento, além do característico batom vermelho. A lembrança desse corte icônico e transformador marcou inclusive uma passagem na abertura do encarte do álbum *1989 (Taylor's Version)*. "Para mim, foi mais do que mudar o corte", escreveu Taylor. Foi uma reinvenção.

(PÁGINA ANTERIOR, À DIREITA) Espero que Taylor tenha se olhado no espelho com este look e se sentido uma grande gostosa. Sério, só mesmo ela poderia fazer um macacão de cintura baixa da Tinseltown parecer tão legal assim. A composição simples — camiseta branca, botas que se mesclam com a bainha do macacão (ambos da Topshop), combinadas com óculos de sol vermelhos Westward Leaning e bolsa vermelha Gucci — contribui para o sucesso do look, mas é claro que ter altura de modelo também dá uma vantagem.

(PÁGINA ANTERIOR, À ESQUERDA) Em 12 de fevereiro de 2014, o mundo viu pela primeira vez oficialmente o novo corte de Taylor. Ao desembarcar de um avião vindo de Londres, a cantora estreou seu sofisticado *bob cut* enquanto deixava o terminal internacional do aeroporto de Los Angeles. O corte era similar ao usado por Karlie Kloss, que revelou ao *The Cut* que, após o encontro das duas no Victoria's Secret Fashion Show de 2013, Taylor já havia declarado a iminência de reproduzi-lo, dizendo: "Karlie, se você me vir daqui a alguns meses com esse corte de cabelo, saiba que foi por sua causa." Apesar de ser sua mudança de cabelo mais drástica até aquele momento, gosto de todos os detalhes sutis neste look que mantêm Taylor sendo Taylor, mesmo sem seus traços mais característicos. O batom vermelho (compondo um belo sanduíche com um par de botas Rag & Bone bordô que eu não me importaria de surrupiar), o cordão de ouro Laura Gravestock com o número "13", que é uma ode a seu número favorito, e a case Taylor Guitars em punho. Esses detalhes também têm mais espaço para se destacar por conta da base em preto do restante do conjunto.

"Anjos Não Suam." Estas são fotos reais de Taylor Swift teoricamente acabando de sair de treinos extenuantes em academias de Nova York, quando na verdade parece a modelo de uma propaganda da L'Oréal com a MAC. Nessa época ela realmente projetava ao máximo a energia "Estou solteira e vou cuidar de mim mesma", indo para várias aulas de Barre e pilates. E eu estava bem aqui para ver isso. Taylor veste: vestido Reformation, bolsa Tods, sandálias plataforma Prada; vestido Novis NYC, bolsa Bulgari, saltos peep toes Christian Louboutin; macaquinho preto e branco Suno, óculos escuros Derek Cardigan, bolsa Anthropologie e saltos Gucci.

Em retrospecto, fica claro que a percepção da felicidade e do sucesso comercial de Taylor naquele momento estava em desacordo com o que realmente acontecia nos bastidores. E no seu documentário de 2020, *Miss Americana*, Taylor reconheceu ter enfrentado um transtorno alimentar durante a era *1989*, além de transtorno dismórfico corporal. "Tenho tendência a me deixar levar pelos gatilhos... Pode ser uma foto em que eu ache que minha barriga parece grande demais... e isso vai me dar o gatilho para passar só um pouquinho de fome, para simplesmente parar de comer", admitiu.

Ela deu uma entrevista bem franca à *Variety* em 2020, na qual falou sobre passar horas na esteira, pedir saladas durante as conversas com jornalistas e se sentir como se estivesse prestes a "desmaiar no final de um show" por estar se alimentando tão pouco. Anos mais tarde, ficou evidente que os cropped e saltos foram usados como uma armadura para disfarçar as questões relacionadas à autoimagem das quais ela buscava se afastar.

Embora não seja novidade que Taylor demonstre a própria vulnerabilidade em detalhes pessoais em suas canções, esse foi um raro momento de uma postura franca em um contexto não musical. Em anos recentes, Taylor tem feito parte de uma onda de jovens celebridades femininas engajadas em um diálogo mais aberto sobre as pressões do show business e suas implicações na saúde mental. Como alguém cujos estilo e imagem são imitados por milhões de jovens influenciáveis, a declaração sincera de Taylor foi poderosa. Ela continua em *Miss Americana*: "Estou muito mais feliz com quem eu sou e não me importo mais se alguém diz que ganhei peso. Se eu visto M ou PP, meu corpo não existe para isso. Eu só não entendia esse ponto naquela época."

Taylor abriu o Grammy de 2016 com uma interpretação do penúltimo single de *1989*, "Out of the Woods". O macacão justo brilhante, feito sob medida por Jessica Jones, era uma referência ao modelo similar prateado da mesma designer, que ela também usou na turnê. O preto aqui se saiu melhor com a imagética sombria das árvores que são a base temática da música. Quando Jack Antonoff, colaborador do álbum, subiu ao palco para acompanhá-la na metade da apresentação, Taylor anunciou: "Olá e bem-vindos ao Grammy Awards 2016. Mas neste momento estamos em *1989*." Embora ela ainda não soubesse, seu pontapé inicial para as comemorações daquela noite seria uma descrição fiel, pois *1989* seria o assunto do prêmio após garantir a Taylor a segunda vitória na categoria Álbum do Ano.

Por fim, vejo esses dois looks irmãos e complementares usados em apresentações em anos consecutivos no Grammy como característicos da era, mas também os considero algumas das mais memoráveis e icônicas escolhas de moda de toda a sua carreira. Os looks se unificam pelo penteado curto, cores vibrantes e bainhas assimétricas.

Alta-costura cinematográfica. A grande apresentação de Taylor no American Music Awards de 2014, com seu sucesso estrondoso "Blank Space", provou ser tão teatral quanto o próprio clipe. Teve troca de figurino no palco, pirotecnia, polias e, claro, um jardim de rosas flamejantes, tudo se desenrolando ao longo de quatro minutos — algumas partes reencenadas com base no clipe, que até hoje é um dos seus mais épicos e vanguardistas. O vestido Yousef Al Jasmi personalizado traz para o palco, de forma brilhante, a alta-costura e o caos presentes no clipe. É com essa música — e a premissa do vídeo — que Taylor começa a brincar com a percepção da própria identidade, narrando uma metassátira sobre a ficção midiática de que ela é uma devoradora de homens. O clipe de "Blank Space" começa com Taylor usando uma renda padrão teia de aranha, tecendo seus fios em lingerie La Perla; em seguida, ela usa um vestido Elie Saab ao dar as boas-vindas à sua próxima vítima — isto é, um novo namorado. O casal janta em uma mesa posta para dois, repleta de castiçais de ouro que criam a luz e o clima perfeitos para seu vestido Jenny Packham. O casal passeia com seus dobermanns pelo gramado enquanto ela está usando um Elie Saab. Cavalgam vestindo Ralph Lauren. Ela pinta o retrato dele enquanto veste Prada, e depois, usando Oscar de la Renta, o pendura em um corredor ao lado de outros retratos estranhamente semelhantes. Tudo parece bem... até tudo ir pelos ares em uma explosão de gritos, choros e tempestades perfeitas. Em um segundo. Taylor faz todas as mesas virarem. Joga o celular dele em uma fonte usando um conjunto Naeem Khan digno de *1989*. Ela se veste no melhor estilo das donas de casa de Nova Jersey, com estampa de leopardo Dolce & Gabbana da cabeça aos pés, adornada por rios de rímel escorrendo pelo rosto em meio a um colapso mental. As camisas dele estão em pedaços porque Taylor, vestida em Oscar de la Renta, as retalhou com uma tesoura. As roupas dele queimam numa fogueira no gramado porque Taylor as jogou da sacada enquanto vestia Georges Chakra. O retrato dele, uma vez perfeito, agora está cortado com um cutelo na altura do rosto, e o ato foi cometido por Taylor em um vestido J. Mendel. Ela veste sua melhor saia de tule Milly e scarpins Bionda Castana para se transformar em uma verdadeira lenhadora selvagem e derrubar a árvore onde os dois haviam talhado suas iniciais. Mas o ápice da história se dá quando Taylor pega um taco de golfe e acerta o carro dele, descontrolada — porém adorável — em um conjunto rosa-claro Katie Ermilio. E então o ciclo se repete. Trata-se de um longa-metragem condensado em quatro minutos, embalado em um ritmo cativante. E com um incomparável figurino de alta-costura.

GRAMMY AWARDS
AWARDS
AWARDS
AWARDS

AWARDS
AWARDS

As duas aparições consecutivas de Taylor no Grammy para promover o álbum *1989* em 2015 e 2016 posicionaram-na, em termos estéticos, diretamente na respectiva era. O uso da cor vibrante, o cabelo *bob cut* alisado, e especificamente o top faixa usado em 2016 (um conjunto Atelier Versace) foram o ápice da sua fase cropped. O vestido sereia mullet com efeito degradê Elie Saab soa drasticamente mais moderno quando combinado com as sandálias de tiras Giuseppe Zanotti na cor fúcsia. Embora eu tire meu chapéu para a singularidade das tiras, o estilo memorável e sofisticado das joias — incluindo alguns rebites iridescentes Lorraine Schwartz que realmente enfatizam essa energia Ariel Vai para o Grammy — faz deste look muito adorado pelos fãs um dos três piores momentos de Taylor no Grammy, a meu ver. O look de 2016, ao qual me refiro de brincadeira como Barbie Malibu Anna Wintour, na verdade foi de fato inspirado por Anna Wintour, a grande editora-chefe da *Vogue*. Em setembro de 2016, em um quadro chamado "Pergunte a Anna", Taylor perguntou a Anna o que pensava de ela ter copiado seu corte icônico, e a resposta de Wintour, com sua concisão característica, foi de que estava "honrada". A resposta simplista também é tudo que sou capaz de reunir sobre o look. Embora cada um seja icônico por mérito próprio, nenhum dos dois looks do Grammy para promover *1989* foram vencedores para mim.

6

reputation

TÉRMINOS, COLAPSOS E O RETORNO DEFINITIVO

Costumo dizer que, se seu álbum preferido é *reputation*, você realmente "entende" de Taylor Swift. *reputation* e seu lançamento (um trabalho de marketing estratégico impecável) compõem um estudo de caso sobre imagem percebida *versus* realidade vivida, num estiloso jogo de espelhos. Mesmo que você estivesse completamente desligado do que rolava no mundo em 2016, é provável que tenha ouvido sobre o agora infame telefonema entre Taylor e Kanye West, cuja então esposa, Kim Kardashian, postou no Snapchat estrategicamente dividido em partes. A reação ao vídeo resultou na hashtag TaylorSwiftIsOverParty[7] no antigo Twitter, clamando pelo "fim" da cantora, em um caso viral e violento de ciberbullying. Com sua imagem em queda livre, 2016 foi uma sequência de tomadas de decisão caóticas. O término com um namorado de longa data resultou em uma aventura de verão que se espalhou por toda a Europa. E, em algum lugar pelo caminho, Taylor passou por uma completa e drástica transformação estética — começou a usar

[7] "Taylor Swift está cancelada." (N.T)

gargantilhas, roupas *pretas* e cabelo curto platinado. Para o público geral, foi fácil somar um (o drama com Kanye West) mais dois (a transformação de Taylor): "Bem, uma coisa explica a outra."

Mas se você prestar atenção, como sempre fazem os fãs devotados de Swift, verá uma mestra em imagem pública em plena ação.

Entre os moletons folgados e batons black-cherry, o cabelo platinado bagunçado e as estampas camufladas, enquanto o restante do mundo pensava que ela estava em pedaços, as rachaduras davam um vislumbre discreto do que *de fato* estava acontecendo.

(PÁGINA 174) As "histórias de origem" de *reputation* são visíveis no figurino da turnê, e são baseadas nessas imagens que, segundo Taylor, as pessoas interpretaram o álbum. "Nunca tive um álbum que não fosse totalmente compreendido até ser visto ao vivo. Quando *reputation* foi lançado, todo mundo achou que ele falaria apenas sobre raiva; mas depois de ouvi-lo por inteiro, as pessoas perceberam que na verdade ele fala de amor, amizade e sobre descobrir quais são nossas prioridades", disse ela à *Entertainment Weekly* em 2019. Composta inteiramente por peças exclusivas de Jessica Jones, designer de figurino de longa data, a abertura do show com fumaça, serpentes sibilantes e uma pergunta convidativa ao público — "Vocês estão prontos?" — se transformou em brilhos, lantejoulas coloridas, glitter e baladas para violão acústico e piano. O forte contraste dessas duas pulsões presentes no álbum foi cristalizado com a última peça do quebra-cabeça visual da turnê. "Este é o álbum que exigiu a maior quantidade de explicação e ainda assim é o único sobre o qual não falei", afirmou Taylor à *Rolling Stone*. "Eu nunca havia brincado com personagens antes. Para várias estrelas pop, é um truque muito divertido, no qual elas dizem: 'Este é o meu *alter ego.*' Eu nunca tinha tentado isso antes e descobri que é realmente divertido. Foi muito incrível poder brincar com isso na turnê... A escuridão, o exagero, a amargura, o amor e os altos e baixos de um álbum fruto de um turbilhão de emoções."

O que a gente achou que estava acontecendo

Saindo do sucesso meteórico da era *1989*, Taylor revelou que, depois de lançar cinco álbuns com um intervalo de apenas dois anos entre eles (desde sua estreia com o disco homônimo em outubro de 2006, Taylor faz algo que até já virou uma piadinha na indústria: sempre lança um álbum no último trimestre dos anos pares, feito um relogi-nho), era hora de dar uma pausa. Em outubro de 2015, ela disse em entrevista ao *NME* que após os últimos shows da turnê *1989* "provavelmente tiraria férias". E continuou: "Acho que as pessoas precisam descansar de mim."

Mas aquilo que havia sido uma pausa planejada, intencional e verdadeiramente merecida, após quase uma década saindo de estúdios de gravação para eventos de divulgação e estádios lotados, rapidamente saiu dos trilhos. Esse verão é o tal descrito por Taylor em seu diário como "o apocalipse".

Em fevereiro de 2016, Kanye West lançou uma canção chamada "Famous", na qual atribuía o sucesso de Taylor à sua influência. De forma ainda mais ofensiva, ele deu a entender que os dois deveriam transar — chamando-a também de "puta". O verso é uma referência ao primeiro desentendimento público entre os dois e, por extensão, uma presunção desrespeitosa sobre quem merece o verdadeiro crédito pelo sucesso de Taylor. O clipe retratou de forma perturbadora uma imagem da cantora feita de cera, nua na cama com Kanye e outras réplicas de cera de pessoas famosas, incluindo Donald Trump, Amber Rose e Anna Wintour. Em um post do Tumblr, Taylor descreveu o projeto como um "pornô de vingança". Esse momento seria cimentado na rivalidade entre as duas celebridades, que começara quase sete anos antes, quando Kanye subiu ao palco durante o VMA de 2009 para tomar o microfone das mãos de uma Taylor adolescente enquanto ela recebia seu prêmio.

Com o lançamento de "Famous", Swift usou as redes sociais para condenar tanto a letra da música quanto o clipe. Em resposta, Kim Kardashian publicou vídeos muito editados no Snapchat, expondo uma chamada telefônica entre Kanye e Taylor, na qual a cantora parece aprovar a letra de cunho sexual (embora notadamente o verso em que aparece a palavra "puta" não esteja incluído). Taylor levantou a possibilidade de um pequeno detalhe: "E onde está o vídeo de Kanye me avisando que me chamaria de 'aquela puta' na música? Não existe, porque isso nunca aconteceu." Mas o dano já estava feito. Quando Kim foi ao antigo Twitter dizer que Taylor era uma cobra para seus milhões de seguidores ("Hoje é... O Dia Nacional da Cobra? Bem, hoje em dia existe feriado para todo mundo... digo, para qualquer coisa!"), o apelido acabou pegando, uma "prova" da falsidade reptiliana de Taylor. De repente, o feed das redes de Taylor virou um verdadeiro serpentário, repleto de milhares de comentários com o emoji da serpente em blocos gigantes e intransponíveis. No despertar de seu cancelamento público, a única arma que lhe restava era seguir o plano original: desaparecer.

Em entrevista ao *The Guardian*, Taylor descreveu o motivo de ter escolhido o silêncio como método de defesa: "Quando as pessoas estão consumidas pelo ódio e encontram alguma coisa para odiar coletivamente, isso se torna um elo para elas. E tudo que você diz reverbera numa câmara de eco do mal." O resultado foi pior do que uma repreensão severa; foi a celebração vingativa de uma autópsia pública. "Quando você diz que alguém foi cancelado, não se trata de um programa de TV. É um ser humano", disse ela à *Vogue*.

Sua estratégia passou a ser a sobrevivência em meio a uma onda gigantesca de repúdio. "Você pode simplesmente ficar parada e deixar a onda te atingir, ou pode se esforçar ao máximo para lutar contra alguma coisa que é maior e mais poderosa do que você. Ou, quem sabe, pode mergulhar, prender a respiração e ficar submerso até tudo passar. E enquanto estiver lá embaixo, tentar aprender alguma coisa."

Quando Taylor ressurgiu em 2017 com *reputation*, tinha criado habilmente um projeto coeso que recuperou sua história, tanto sonora quanto visualmente. Desde o anúncio do álbum, ela declarou: "Não haverá explicação, haverá só 'reputação'."[8] Renunciando à tradicional coletiva de imprensa, que normalmente fornecia informações aos jornalistas sobre suas ideias e sua jornada pessoal para a criação do álbum, Taylor cortou qualquer contato com a mídia. Isso mudou o foco da artista (e do público) para os dois veículos de comunicação sobre os quais ela possuía total controle: sua música e seu estilo. E ambos estavam prontos para transmitir de forma bombástica a história em duas partes: como sua reputação era percebida e a realidade vivida após o evento "Famous".

"Não haverá explicação, haverá só 'reputação'."

[8] Na fala original, "There will be no further explanation, there will just be *reputation*", há um jogo de palavras sonoro feito por Taylor, confirmando que só haveria a presença e o lançamento de seu referido álbum. (N.T.)

A estética grunge de *reputation* dependia principalmente de uma paleta de cores mais escura, acentuada por estampas xadrez, rebites e efeitos desgastados. Normalmente, correr riscos quanto ao vestuário tende a ser uma jogada ousada. Mas o que Taylor faz de melhor com sua música e seu estilo é traçar o próprio caminho. Aqui, é irônico que o que é visto como uma era de sua maior aposta na moda seja na verdade uma inversão do *modus operandi* sensacionalista. Enquanto anteriormente ela poderia ter usado um cropped para fazer uma declaração, na era *reputation*, em vez disso, ela escolheu peças oversized como este moletom RIA, que envolvia seu corpo — contribuindo com o mistério de *reputation* enquanto também a protegia em uma armadura aconchegante. O tecido levemente acetinado faz lembrar, de forma sutil, uma cota de malha que ainda traz certa suavidade, um equilíbrio apropriado enquanto ela se dirigia ao piano para a performance da canção mais gentil de *reputation* — "New Year's Day", a balada que encerra o álbum — no *The Tonight Show com Jimmy Fallon*. Jimmy revelou que Taylor havia escolhido surpreendê-lo estreando a versão ao vivo da música em seu programa como um tributo à mãe dele, Gloria, que falecera recentemente. Ele se identificou com um trecho do segundo verso da música: "Quando éramos pequenos, minha mãe nos levava à loja, dávamos as mãos, ela apertava as minhas três vezes e dizia: 'Eu te amo.' E eu apertava de volta e respondia: 'Eu também te amo'." Mesmo em seu momento mais sombrio, a Taylor que se conecta emocionalmente através do poder de sua música apareceu. Os dois trocaram um abraço emocionado ao final da canção.

O que realmente estava acontecendo

Para mim não é nenhuma surpresa que o sucesso mais duradouro da era *reputation* não seja "Look What You Made Me Do", o single principal bombástico, um tapa na cara sem remorso, mas sim o hit discreto e inesperado "Delicate", que foi muito executado nas rádios, permanecendo entre os Hot 100 da *Billboard* por 35 semanas — o single de *reputation* a ficar mais tempo em uma lista. Esse sucesso é um reflexo quase perfeito do próprio *reputation* em si, um álbum que no fundo versa sobre uma história de amor que floresceu em meio à poeira deixada pela queda de seu pedestal. Taylor diria à revista *Rolling Stone*: "A combinação de golpes de *reputation*, sua tática de morder e assoprar, é que ele realmente é sobre uma história de amor. Uma história de amor em meio ao caos." *reputation* fala sobre assumir um papel predeterminado que destoa da realidade: uma pessoa desguarnecida, buscando conforto naqueles que a aceitaram quando as máscaras caíram.

Por trás do jogo de espelhos e, claro, de todas as serpentes, Taylor estava apaixonada. Para cada "I Did Something Bad", classificando-se como uma bruxa na fogueira, há um "New Year's Day" recolhendo silenciosamente as garrafas da festa com a pessoa amada, à 0h01 do dia primeiro de janeiro. Para cada escapada de uma cena de crime em um carro de fuga em alta velocidade depois de um roubo malsucedido em "Getaway Car", existe um "King of My Heart", uma declaração cuidadosamente otimista de que talvez finalmente seja o fim dos términos, afinal. Taylor tirou momentos durante a divulgação de *reputation* para incluir estilos mais familiares e classicamente swiftianos em seu guarda-roupa, como minivestidos de lantejoulas, pequenos anéis e brilhos — tudo isso com uma leve atualização, de acordo com a temática fashion do álbum. Seus cachos estavam mais despojados e menos definidos; Taylor se sentia tão confortável consigo mesma que não havia necessidade de fugir do modelador. Seus vestidos brilhosos favoritos deixaram de ter tons unicamente dourado e prata metalizados para dar lugar a brilhantes, cromáticos e descaradamente felizes arco-íris. Enfim ela estava encontrando um lugar de conforto. Estava criando um espaço seguro para ser vista como o ser humano Taylor Swift. E isso se revelou na maneira cuidadosa e pensada com que permitiu que seu estilo demonstrasse a felicidade que ela experienciava em sua vida particular. "É tão estranho tentar estar consciente quando você foi designada para ser essa coisa sempre sorridente, sempre a "queridinha da América", sempre feliz, até que um dia tiram isso de você e você se dá conta de que na verdade isso foi bom, porque estar naquele papel era algo extremamente limitante", disse Swift à *Vogue*.

Reivindicando a cobra

Como reação à reputação que lhe haviam imputado, Taylor reforçou os insultos que as pessoas projetaram nela. Seu guarda-roupa passou a suscitar a imagem da cobra em lugares estratégicos, de forma que Taylor reivindicou o réptil como símbolo de seu retorno. O anúncio de *reputation* foi iniciado por uma completa varredura dos feeds de suas redes sociais, substituindo suas postagens por um gif em três partes de uma cobra pronta para dar o bote. Anos mais tarde, Taylor ampliaria ainda mais sua afinidade com o animal. Em entrevista à *Elle*, antes de seu aniversário de 30 anos em 2019 (alguém aqui está surpreso com o fato de que, de acordo com o horóscopo chinês, 1989 é o ano da serpente?), ela disse que era mesmo "como uma cobra: só pica se alguém pisar em você". Desta forma, Taylor ressignificou o que havia sido usado antes como uma tentativa de derrubar sua carreira — um símbolo de suas supostas mentiras e dissimulação — para reforçar seu próprio lado da história, porque era a única coisa que ela podia fazer. Isso também foi, para ela, um teste decisivo para saber em quem poderia confiar e manter por perto e quem estava só por conveniência.

Uma das melhores — e mais sutis — ocorrências do elemento serpente em seu vestuário aconteceu na apresentação no *Saturday Night Live*, na semana de lançamento de *reputation*. Taylor unificou a dicotomia de sua reputação em um momento singular. Para sua performance, ela cantou "Call It What You Want", uma balada suave e vulnerável que descreve o relacionamento amoroso que ela construiu fora do alcance dos olhares curiosos do público. Uma dentre as várias canções no álbum que ela descreveria como um dos "momentos da sua história", tirados de seu "novo mundo silencioso e confortável que estava acontecendo de acordo com [seus] próprios termos pela primeira vez". Mas ela fez isso usando um moletom Gucci preto oversized, reconhecível imediatamente pelas nítidas listras vermelhas, pretas e brancas de uma cobra-coral escarlate, um dos símbolos mais característicos da marca. Uma maneira inteligente e sucinta de posicionar-se visualmente na era *reputation* (a paleta dominante em preto, modelagem baggy e pesados coturnos com cadarço, muito diferente dos saltos e das botas de caubói de seu passado) enquanto lembrava as pessoas de quem ela sempre foi: uma garota com um violão, cantando sobre aquilo que sente. Também vale ressaltar que a cobra-coral escarlate é vista como uma figura de poder e sabedoria — um símbolo perfeito para adotar quando se está reivindicando a narrativa da própria carreira, munido da experiência e da sabedoria que vêm do ato de reconstruir a vida depois de um golpe devastador.

“A combinação de golpes de reputation, *sua tática de morder e assoprar, é que ele realmente é sobre uma história de amor.”*

— Taylor Swift, *Rolling Stone*, 2019

(PÁGINA ANTERIOR) Uma das raras aparições de Taylor em público entre o fim da era *1989* e o início oficial de *reputation* foi em novembro de 2016, no 50º Annual Country Music Association Awards. Taylor apresentaria a categoria mais importante, Artista do Ano, um prêmio que ela mesma já havia recebido duas vezes. Swift subiu ao palco usando um vestido preto de decote halter Julien Macdonald, muito sexy e estrategicamente transparente. Acho importante ressaltar que esse look, ao mesmo tempo que faz uma conexão com alguns modelos icônicos da era anterior (recortes e barriga ligeiramente à mostra, à la *1989*), também sinaliza o que viria a seguir (os estilos de paleta escura, edgy e ligeiramente desalinhados de *reputation* — as tiras dos saltos Stuart Weitzman envolvendo os tornozelos lembram uma cobra, não?). Três anos antes ela comparecera à mesma premiação para fazer a linda despedida de um gênero musical. E durante um momento tão turbulento para sua imagem, tenho certeza de que foi muito bom estar de volta nos braços de um público muito receptivo, que estava feliz em ver uma das maiores (ex-) estrelas do country em seu habitat natural mais uma vez.

Na apresentação do Z100's Jingle Ball de 2017 em Nova York, Taylor combinou seu amor de longa data pelo Natal com seu mais recente animal de estimação — a cobra — ao usar uma blusa preta brilhante oversized, customizada com a imagem do réptil usando um chapéu de Papai Noel elegante e festivo. Um look muito divertido e irônico. Ao longo da era *reputation*, ela continuaria a evocar imagens de cobra, destacando as melhores partes da criatura incompreendida depois de ter sido associada a ela de forma negativa poucos anos antes. Sua habilidade em tornar o animal fofo e até engraçado demonstrava que as provocações on-line já não tinham mais o poder de prejudicá-la. E trazer a cobra junto a uma de suas características mais fundamentais, como uma entusiasta ferrenha do Natal, era a própria imagem da autoaceitação — como se Taylor tivesse absorvido o elemento como uma verdadeira parte de sua identidade.

As cobras desempenharam um papel importante durante a era *reputation*, simbolizando a retomada da narrativa de Taylor. Esta cobra gigantesca, parte da atmosfera teatral da turnê, recebeu da cantora o nome de "Karyn". Com y, especificamente. Em um ensaio pessoal para a *Elle* em 2019, Taylor escreveu: "Alguns anos atrás, começaram uma campanha de ódio me chamando de cobra na internet. O fato de tantas pessoas terem aderido a isso me deixou mais para baixo do que jamais me senti na vida, mas não consigo explicar o quanto foi difícil para mim segurar o riso toda vez que minha cobra inflável de 20 metros chamada Karyn aparecia no palco na frente de 60 mil fãs gritando. É o equivalente em termos de 'turnê de estádio' a responder a um comentário maldoso no Instagram com um 'kkkkk'. Seria ótimo se pudéssemos receber um pedido de desculpas das pessoas que nos intimidam, mas talvez tudo o que nos reste seja a satisfação de saber que somos capazes de sobreviver e prosperar apesar disso." Como bônus, durante o show, Taylor foi transportada de um palco para outro sobre uma réplica de três metros de altura do esqueleto de uma cobra (infelizmente sem nome).

NYC
NYC

(À ESQUERDA) Antes da turnê *reputation* passar por East Rutherford, em Nova Jersey, Taylor saiu de seu apartamento em Tribeca com um visual que estava a um fio de cabelo de ser ousado demais. No entanto, o look foi salvo por acessórios divertidos (como os óculos de sol octogonais Fendi e as sandálias de tachinhas Saint Laurent), além de um penteado discreto, mais próximo de uma roqueira legal do que de uma feiosa triste. Eu particularmente amo a camada em animal print, com a saia de leopardo R13 e a mochila de corrente de leopardo Stella McCartney.

(À DIREITA) Além de muito preto e camuflagem, Taylor recorreu às estampas de animal print como uma das formas de estabelecer a reputação de *reputation*. Isso nos remete à caricatura pintada no clipe de "Blank Space" de 2014, de uma pseudo dona de casa desesperada chorando no chão, usando estampa de oncinha da cabeça aos pés, com rios de rímel escorrendo pelo rosto. Se "Blank Space" era uma música que brincava com aparências *versus* realidade, *reputation* era a representação dessa dinâmica em forma de álbum: a dança sutil entre como ela era percebida e como realmente se sentia. Seu casaco de leopardo A.L.C. volumoso e saltos Prada — com muita perna entre uma peça e outra — parecem um flerte atrevido e consciente com caricaturas de sua imagem.

reputation foi marcado por mudanças de estilo dramáticas, incluindo transformações dentro da própria era. Mas nenhuma foi tão extrema quanto o *bob cut* irregular e platinado que Taylor estreou no festival de música Coachella em abril de 2016. O novo visual ganhou o apelido de "Bleachella", uma combinação entre o termo "platinar" (*bleach*) e o nome do festival (não se preocupem, pessoal, ela voltou a si e recuperou o tom natural de louro-acinzentado dentro de alguns meses). Buscando evitar a moda típica dos festivais, Taylor andou pela área do evento vestindo uma camiseta oversized The Great e short preto, combinados com uma gargantilha Versace de 575 dólares e tênis Golden Goose de 565 dólares. Mas o que mais chamou a atenção no seu look foi, obviamente, o cabelo.

Em abril de 2016, a *Vogue* deu a manchete "Taylor Swift como você nunca viu antes". Provocante e *click bait*, é claro, mas também bastante precisa. A matéria mostrava uma Taylor platinada com botas Vetements de couro e salto plataforma que comporiam melhor um look da Lady Gaga do que um de Swift. O alcance da reportagem foi absurdo, unificado por aquele cabelo novo e as botas, que ela depois levaria do estúdio para usar pelas ruas de Nova York. Isso também marcou a segunda vez em que uma reportagem da *Vogue* provocou uma mudança drástica nos fios de Taylor, sendo a primeira, claro, a franja da era *Red*. Agora que a água oxigenada já se dissipou e o choque inicial diminuiu, sinto que devíamos aplaudir a equipe da *Vogue* por ter a confiança visionária de enxergar Taylor como alguém que sobreviveria aos limites editoriais que o look platinado lhe dera. Gosto de pensar nisso como uma permissão dos "maiores poderes da moda" de serem um pouquinho bagunçados e desinibidos, atitudes a que Taylor nunca havia se permitido até então.

Durante esse curto período, sua aparição "Bleachella" mais notória foi o Met Gala de 2016. Organizado pela *Vogue*, o Gala — por vezes chamado de Costume Institute Gala ou mesmo Met Ball — é uma arrecadação de fundos para o Metropolitan Museum of Art's Costume Institute na cidade de Nova York. A cobertura de moda é tão extensa que a noite é frequentemente citada como um dos eventos fashion mais significativos do ano. Como Taylor seria uma das coanfitriãs naquele ano, seu look de tapete vermelho era muito aguardado. As expectativas pelos coanfitriões e sua adequação ao tema anual, "Manus x Machina: Moda na era da tecnologia", eram altas, e Taylor fez sua parte usando um conjunto recortado prata metalizado Louis Vuitton.

Graças ao styling — o batom escuro, o cabelo curto repicado e acessórios pontiagudos em ônix —, o look foi um de seus trajes elegantes mais dramáticos e totalmente diferentes. Em sua busca para encontrar o tema (que muitos convidados interpretaram como um tema "sci-fi" adjacente), Taylor surgiu praticamente irreconhecível no conjunto garota gótica futurista. Mas é essa a graça da moda, especialmente quando você introduz novos estilos em momentos-chave de sua vida, e Taylor está muito apta a fazer isso: associar memórias e lugares a pessoas em certo período, cristalizando exatamente as circunstâncias daquele momento. Swift inclusive refletiu em um ensaio para a *Elle* na ocasião de seu trigésimo aniversário: "Se você olha para alguns dos seus looks do passado em fotos antigas e não sente vergonha alheia, está fazendo errado. Ver: Bleachella."

"Seria ótimo se pudéssemos receber um pedido de desculpas das pessoas que nos intimidam, mas talvez tudo o que nos resta seja a satisfação de saber que somos capazes de sobreviver e prosperar apesar disso."

Se você acabou de sair de um término, não há nada melhor do que comparecer ao Met Gala em um vestidinho brilhante e um atrevido par de sandálias stiletto com amarração. Esta noite entrou para a história como uma das mais caóticas para os fãs de Taylor: o cabelo platinado, o batom black-cherry, a energia geral de "não estou nem aí" — e, é claro, as fotos do evento mostrando Taylor dançando a noite toda com Tom Hiddleston. Os dois viriam a ter um turbulento romance de verão (também conhecido como "carência absurda"); meses depois, seriam fotografados passeando pela Itália e pela Inglaterra, com muitas demonstrações públicas de afeto. A imagem dos dois se abraçando em meio a uma formação rochosa à beira-mar é algo que está gravado eternamente na memória de muitas pessoas. O tema do Met Gala é sempre uma maneira complexa de obrigar os participantes a incorporar um estilo diferente. No caso da edição de 2016, algo que envolvesse tecnologia sofisticada no processo de produção. A maioria das celebridades, incluindo Taylor, interpretou isso como uma oportunidade reducionista de aparecer como "robô de ficção científica sexy". Como coanfitriã do evento, nomeada por Anna Wintour, editora da *Vogue*, todos os olhares estavam voltados para ela (e seus colegas coanfitriões) para definir o tom (e o padrão) para uma das maiores noites da moda. No microcosmo do mundo Taylor, este look representava uma mudança de indumentária suficientemente drástica para surpreender qualquer swiftie que a conhecesse por seu estilo ultrafeminina e acessível. No palco mundial da moda, onde o Met Gala é o evento de referência do calendário social, este look parece mais adequado para uma balada do que para a alta-costura. Resumindo, ficou aquém das expectativas.

(PRÓXIMA PÁGINA, À ESQUERDA) Na noite anterior ao Met Gala de 2016, houve um jantar na casa da editora da *Vogue*, Anna Wintour, e Taylor deu um gostinho do que poderiam esperar no evento, com seu look Louis Vuitton da cabeça aos pés. O traje incorpora certa atitude punk, uma coisa meio Londres e Vivienne Westwood, que funciona graças ao novo visual platinado estilo *edgy*.

(PRÓXIMA PÁGINA, À DIREITA) Um leopardo não é capaz de mudar sua natureza, mas Taylor deveria, poderia, precisaria ter mudado esse vestido de veludo Monique Lhuillier com estampa de leopardo. Do pescoço para cima, trata-se de um momento punk Bleachella divertido, com o cabelo claro como asas de anjo e tão fino quanto macarrão cabelo de anjo. O vestido em si, entretanto, em especial fazendo par com a gargantilha, fez uma millenial estar de volta à era do veludo molhado.

BMI

Quando não estava em busca de botas plataforma pesadas para dar altura e contraste, Taylor optava por tênis grifados que valiam centenas de dólares, de marcas como Golden Goose, Saint Laurent e Gucci, para compor um look casual que complementasse as peças xadrez e desgastadas que ela passara a usar. No entanto, um pilar do estilo de Taylor sempre foi combinar peças de alta-costura com outras de varejo — como o cropped jeans Madewell de 62 dólares (À DIREITA), ou o macaquinho com bolsos frontais Bishop + Young (PÁGINA SEGUINTE, À DIREITA).

NYC

(PÁGINA ANTERIOR, À ESQUERDA) Até a abordagem de *reputation* da cidade de Nova York, elemento icônico de *1989*, inclina-se agora mais para o grunge. Um moletom com capuz oversized rosa-chiclete Balenciaga é combinado com um short jeans desfiado Alexander Wang e botas de leopardo com zíper Giuseppe Zanotti. As alças da mochila Christian Louboutin dão ao look um ar jovem e descolado, mas com peças de grife.

(PÁGINA ANTERIOR, À DIREITA) Meio que para amenizar o impacto de seus acessórios ousados e do conjunto all-black Isabel Marant, Taylor manteve uma semelhança com seu estilo em fevereiro de 2016, graças ao *bob cut* e ao batom vermelho. As botas Vetements, por outro lado, são um prenúncio do estilo mais sombrio e ousado que estava por vir e foram um *easter egg* do ensaio fotográfico provocante da *Vogue* (de onde ela os surrupiara) que deu início à sua mudança estética mais drástica até então.

(À DIREITA) Esqueça as cobras: este vestido de alta-costura Alexandre Vauthier parece uma viúva-negra. Usado na festa pós-Oscar da *Vanity Fair* em 2016, tudo, desde o styling dourado até o equilíbrio artístico do decote e da fenda alta (normalmente recomendaria um ou outro para evitar exageros, mas o exagero aqui é a pedida certa), é como o toque de Midas. Com certeza um dos dez melhores looks de Taylor.

Verde Estilo Taylor Swift

Todos nós temos nossas combinações de cores favoritas. A minha envolve verde — ou, mais especificamente, Taylor Swift usando verde. Verde-esmeralda, verde-escuro, verde-bandeira, verde-trevo, sempre-verde — todos são bem-vindos. Existe algo em roupas nessa cor que me encanta e me anima. Possivelmente porque ela pode variar de um momento ousado e saturado de tapete vermelho para um look estiloso sincero, pop e colorido, até o que eu chamo de "colorido neutro", que não é um dos tons neutros mais comuns, como preto, branco ou cinza, mas que conversa bem com essas cores e pode se tornar personagem coadjuvante quando necessário.

Para minha sorte, Taylor vestiu muitas peças verdes lindíssimas ao longo dos anos.

Este vestido Michael Kors, usado no American Music Awards de 2014, ainda é uma das minhas peças verdes preferidas já usadas por Taylor. O tom é muito vibrante e traz um frescor em contraste com sua pele bronzeada. É impecavelmente ajustado para apenas roçar o chão, e o decote ilusão é quase tão perfeito quanto seria possível. Perceba como ele se funde de forma perfeita com o tom de pele de Taylor para ficar invisível e dar a aparência de um cropped. Nesse sentido, é uma forma nova e inesperada de apresentar o item fashion mais icônico da época de uma maneira dramática para o tapete vermelho.

(PRÓXIMA PÁGINA, À ESQUERDA) Um minivestido esmeralda Miu Miu belo e atrevido. Taylor usou essa peça de cetim verde-esmeralda na estreia do filme *A mentira*, em Los Angeles, protagonizado por sua amiga Emma Stone em 2010. A cor saturada simplesmente chama a atenção no tapete vermelho, e eu amo a escolha consistente de acessórios em ouro. Até mesmo o medalhão Neil Lane tinha uma pequena esmeralda cravejada, combinando perfeitamente com o look.

(PRÓXIMA PÁGINA, À DIREITA) Este conjunto de duas peças Novis NYC foi uma escolha perfeitamente leve e arejada para o divertido e jovem Teen Choice Awards de 2014. O tecido gráfico e o detalhe da bainha da saia acrescentam alguns elementos interessantes, e adorei o ar ensolarado com as sandálias amarelas Charlotte Olympia.

make.believe
SEPT
ER 17

Olay
fresh effects
Candie's
ONLY AT KOHL'S
FOX
TEEN CHOICE
2014

(PÁGINA ANTERIOR, À ESQUERDA) Na frente, o preto para os negócios; atrás, uma festa em verde-esmeralda. Este vestido Antonio Berardi com painéis usado por Taylor antes de sua participação no *The Late Show com David Letterman,* em outubro de 2014, foi a escolha perfeita para um programa de entrevistas noturno — um exemplo excelente de traje adequado para a ocasião. O preto é clássico e chique, com um brilho característico de Swift nos ornamentos. A frente da peça é ótima para um evento à noite e será o foco da câmera durante a parte principal da entrevista enquanto ela estiver sentada. Mas o painel lateral e a parte de trás em cetim contrastante são destaques divertidos, trazendo um elemento fashion à sua grande aparição no programa.

(PÁGINA ANTERIOR, À DIREITA) A designer Katherine Hooker diz que a qualidade eterna é a base de sua marca. Com a princesa de Gales como cliente assídua, isso faz todo o sentido do mundo. Katherine observou que Taylor começou a usar as peças dela quando seu estilo começou a tomar um rumo vintage. "Há uma elegância natural em minhas peças. Eu achei muito interessante quando Taylor começou a consumi-las. Parecia que minhas roupas conectavam nossa visão do que é clássico, embora Taylor seja muito clássica de uma maneira completamente diferente." Katherine disse que esse modelo nasceu de um desejo de criar sua versão de uma capa que ainda permitisse carregar uma bolsa com facilidade. Isso foi possível pelo exclusivo pregueado ultra-alto do casaco, que dá espaço para que ele se movimente. "O segredo é a linha da silhueta, e o corte de um casaco pode não apenas mudar a maneira como você se sente, mas também como você se move", explicou ela. Seu conceito de criar peças dignas de serem passadas por gerações realmente ressoa aqui com a mistura moderna (as botas bordô Rag & Bone) e vintage (o vestido azul-claro Paul & Joe) de Taylor "Meu objetivo é que sua peça seja o melhor item de vestuário que sua neta e sua bisneta encontrarão no seu sótão", diz Katherine. Ah, estar dentro de um baú de viagem, apertado e guardado com este casaco por décadas.

(À ESQUERDA) Exibindo com maestria o que gosto de chamar de "estilo sanduíche". Como duas fatias de pão artesanal, a bolsa verde Elie Saab e os saltos Prada criam um visual simétrico e elegante, preenchendo o espaço central com elementos neutros e chiques — neste caso, um conjunto de blazer e short Missguided. Se há uma peça que eu gostaria de reivindicar de todo o guarda-roupa de Taylor é essa bela bolsa verde.

Certamente você já viu Taylor Swift em um vestido dourado com lantejoulas deslumbrante. Mas você já a viu com um vestido dourado de paetês combinando com brincos de esmeralda? Só desta vez. E este é o verdadeiro poder do estilo: quando uma parte relativamente pequena de um look consegue causar um impacto tão grande e diferenciado. No American Music Awards de 2011, seu maravilhoso vestido Reem Acra foi ofuscado por este par de brincos verdes ovais Lorraine Schwartz. Eles emolduram seu rosto e proporcionam um toque de cor muito necessário em meio ao (encantador) dourado. O elegante rabo de cavalo lateral também representa uma excelente transição entre as charmosas tranças laterais da era *Speak Now* e as mechas alisadas da era *Red*.

Taylor usou vários desses conjuntos de franja Jessica Jones nos últimos shows da turnê *1989*. Eles vinham em uma profusão de cores, incluindo rosa, azul e, claro, verde. Acho que nem preciso dizer qual é o meu favorito. E quer ela soubesse ou não, acho que não havia ninguém sentado em qualquer lugar na Rogers Arena mais feliz do que eu ao vê-la usando o conjuntinho verde quando se apresentou em Vancouver.

(PRÓXIMA PÁGINA) A dualidade de Taylor mostra que às vezes ela pode ser uma rosa, mas eu pessoalmente prefiro um toque de hera venenosa. Nos shows da The Eras Tour, para trazer a energia de deusa-ninfa da floresta de *folklore* para o palco, Taylor alternou uma série de belos vestidos Alberta Ferretti — unificados por elementos fluidos de chiffon e detalhes de capa ou manga dividida — que pareciam ter sido retirados do guarda-roupa de Florence Welch. Meu favorito de todos é este vestido verde-musgo com bordados de folhas intricados, mangas trompete e decote ilusão.

Os minivestidos brilhosos característicos das turnês anteriores receberam uma transformação em technicolor para *reputation*. E nem de longe é de surpreender que este figurino, um modelo Jessica Jones personalizado com lantejoulas coloridas, tenha sido escolhido para a performance de "Delicate", uma música sobre a vulnerabilidade de um primeiro encontro, sobre sondar o que realmente está acontecendo e evitar arroubos de sentimento e confissões românticas. É a mais clara alusão ao âmago de *reputation*. Looks como este, visto por dezenas de milhares de pessoas todas as noites, ajudaram a trazer o foco para a sinceridade e a sátira que divide a narrativa do álbum. A revista *Variety*, em sua crítica sobre a turnê, escreveu que "em essência, não nos restam tantos dragões ou defesas, mas ficamos com a presença cativante e sincera da superstar mais acessível do pop". Não é de admirar que Taylor descreveria a turnê *reputation* como "a experiência emocional mais transformadora" de sua carreira, que a colocou "no lugar mais equilibrado e saudável" que ela já esteve e a ajudou a se "descolar de parte da percepção do público na qual costumava depositar toda a [sua] identidade". Em entrevista à *Entertainment Weekly*, Taylor descreveu momentos dessa turnê em que "olhava para a plateia e via tantas pessoas incríveis, profundas, cuidadosas, maravilhosas e empáticas... que realmente me veem como um ser humano de carne e osso. Isso, por mais inventado que possa parecer, me transformou completamente, trouxe mais humanidade para minha vida". Esqueça a cobertura de açúcar, *reputation* tem uma camada de pele de cobra para disfarçar o doce e autêntico coração romântico de um álbum que fez um trabalho fantástico ao demonstrar resistência.

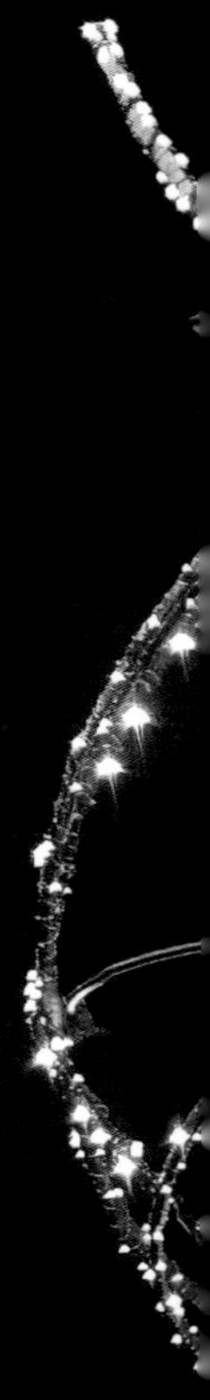

MGM GRAND
LAS VEGAS
NBC
2018
MUSIC AWARDS
dick clark
productions

Em maio de 2018, Taylor foi convidada para o Billboard Music Awards daquele ano, sua primeira grande aparição em prêmios desde o lançamento de *reputation* seis meses antes e desde sua vitória histórica com *1989* no Grammy de 2016. Era de se supor que seu look, naturalmente, fosse algo ousado e um tanto *edgy* para exprimir a imagem do álbum. Em vez disso, ela subverteu todas as expectativas em um vestido Versace exclusivo em tom pastel. Até seu cabelo e sua maquiagem exalavam suavidade e doçura. No lugar de escolher o papel mascarado que as pessoas queriam, ela permitiu ao público — por um breve instante — que espiasse por trás da cortina para entender o que os fãs já estavam traduzindo a partir de sua música e das escolhas de vestuário menos divulgadas.

Recebendo o prêmio de Álbum Mais Vendido por *reputation* — que se tornou seu quarto álbum consecutivo a vender um milhão de cópias em uma única semana —, Taylor falou abertamente sobre humanidade e como esse sentimento está presente na sua música. "Eu comecei a compor aos 12 anos, e comecei porque isso me fazia me sentir mais compreendida", disse ela. "Enquanto estava elaborando *reputation*, me senti realmente incompreendida por muita gente. Então quero agradecer aos meus fãs por continuarem comigo... Obrigada por fazerem com que eu me sentisse compreendida de novo."

"Enquanto estava elaborando reputation*, me senti realmente incompreendida por muita gente. Então quero agradecer aos meus fãs por continuarem comigo... Obrigada por fazerem com que eu me sentisse compreendida de novo."*

A designer Donatella Versace confirmou em suas redes sociais que o processo de confecção do vestido de Taylor para o Billboard Music Awards levou oitocentas horas. Em seu Instagram, Taylor descreveu o vestido apropriadamente como "delicado" — uma referência direta à canção que capta a sensação de revelar seu eu mais vulnerável para alguém. O que eu amo nesse vestido é como sua inerente suavidade contrasta com uma força e um sentimento de incompletude. As alças assimétricas e a fenda na altura da coxa criam um espaço negativo que conflitam com o detalhe da capa ornamentada de um ombro só. Para mim, o que se lê é essa dualidade de se permitir a nudez e a vulnerabilidade e ao mesmo tempo abraçar o próprio poder e a própria força. O tom suave de rosa e os detalhes emplumados que fazem lembrar uma asa anteveem silenciosamente a doçura de seu próximo projeto.

Como parte de sua promessa de deixar o álbum *reputation* dar a maior parte das explicações por ela, Taylor limitou dramaticamente o engajamento do público e as interações com a imprensa. No ano seguinte ao lançamento, ela fez apenas duas aparições em premiações: no Billboard Music Awards em maio e no American Music Awards em outubro. De formas diferentes, o estilo que ela elegeu para essas ocasiões abordaram os temas ocultos do álbum que estava promovendo. Enquanto sua escolha para BMA incorporou sua doçura e sua força interiores, sua seleção para AMA literalmente buscou refletir de volta os holofotes externos que lhe eram apontados: ela vestiu um Balmain curto todo espelhado e botas na altura da coxa no mesmo estilo.

Em seu discurso de agradecimento quando *reputation* venceu como Melhor Álbum Pop/Rock no AMA, Taylor fez alusão ao que eu imagino ser o significado mais profundo por trás de sua escolha de vestido: "Esta foi na verdade a primeira vez que escrevi um álbum inteiro baseada no título... Então o tempo todo... eu escrevia sobre reputação em todas as suas facetas e como isso afeta a vida de uma pessoa, o que de fato significa. Eu sempre estive cercada de amigos, família e de pessoas queridas que nunca me amaram menos por causa da opinião pública." Ela finalizou dizendo: "Sempre olho para os álbuns como capítulos da minha vida, e estou muito feliz que vocês, fãs, tenham gostado deste."

A escolha da palavra "faceta" levou aquela noite para um foco preciso. Taylor usava uma roupa inteligente que não apenas ficava linda sob as luzes do palco e deslumbrante na câmera, mas também servia a um propósito duplo: destacar as críticas que ela havia enfrentado e superado e então refleti-las, derramando-as sobre os culpados assim que a poeira assentasse, e ela, cansada, porém triunfante, emergisse das cinzas.

Numa época em que a regra é compartilhar em excesso todos os detalhes mais íntimos da própria vida nas redes sociais, essa projeção sutil da dualidade presente na vida de Taylor é quase encantadora — e explica por que os fãs se sentem tão conectados a ela. Mesmo no auge da fama (falando de forma geral, não da maneira grosseira citada em "Famous"), Taylor encontrou caminhos para conversar diretamente com os fãs e lhes dar acesso a seu próprio mundo. Por meio de sua música, sim, mas também por meio de suas roupas e do que elas dizem sobre seu estado de espírito. À medida que foi equilibrando sua recém-descoberta (e muito merecida) privacidade na vida amorosa, ainda assim forjou recursos de estilo para comunicar seus sentimentos às pessoas que a apoiaram, e pareceu importante que ela continuasse a fomentar sua acessibilidade com os fãs (mesmo nessa era aparentemente de "menina má").

Um sonho de globo espelhado se torna realidade. Para alguém que ama coisas que brilham tanto quanto Taylor, devo imaginar que este look foi um colírio para os olhos. Parte robô, parte balada disco dos anos 1970. Gosto do jogo de proporções, da silhueta e até mesmo da textura, um feito para um look composto por basicamente um único material brilhante. A gola alta e as mangas longas equilibram de maneira interessante a bainha curta, enquanto o formato irregular das botas traz um contraste relaxado em relação à modelagem justa do vestido. Para mim, essas diferenças criam equilíbrio e despertam interesse. Como alguém que normalmente prefere uma sandália minimalista de tiras com amarração no tornozelo, entendo que um modelo assim poderia facilmente se encaixar aqui como um elegante toque final, embora seguro. Mas tudo tem sua hora, inclusive decidir não arriscar, e, como sabemos, a rota mais segura nem sempre compensa a viagem. Então sigamos em frente e ousemos com a bota amassada que grita sofisticação indiferente, relaxada e moderna e que causaria inveja em qualquer fã de *O diabo veste Prada*.

AMERICAN MUSIC AWARDS
AMERICAN MUSIC AWARDS

Seu relacionamento com o ator inglês Joe Alwyn, que começou na era *reputation*, foi definido por uma abordagem mais particular do que os fãs estavam acostumados. A preferência do casal era mudar o foco da imprensa para a carreira de cada um, e não para a união deles — os dois raramente comentavam sobre a natureza de seu relacionamento além de afirmar seu compromisso e sua felicidade de modo geral.

Muito de *reputation* e todas as suas facetas pôde ser melhor observado através da moda tempos depois de o projeto e a turnê terminarem, principalmente porque muitos detalhes e contextos foram perdidos enquanto Taylor se comprometia com seu silêncio e sua intenção de que o álbum falasse por si. Um dos meus trajes preferidos em termos de estilo — inegavelmente inspirado em *reputation* — foi o do American Music Awards de 2019. Embora na época Taylor tivesse lançado um novo álbum com uma paleta fashion marcadamente diferente de *reputation* (ver o próximo capítulo), o vestido verde-garrafa Julien Macdonald com botas Casadei pretas estava claramente de acordo com a estética ofídica de *reputation*.

"Eu sempre estive cercada de amigos, família e de pessoas queridas que nunca me amaram menos por causa da opinião pública."

Como adoro ver a Taylor usando verde, fiquei sem fôlego com esse look em particular. As lantejoulas fazem dele um típico traje de Swift, mas a bota na altura das coxas e a cor verde-esmeralda que lembra uma serpente o delimita na estética entalhada de *reputation*.

Quando as roupas são usadas como um meio de comunicação, algumas vezes a tradução é imediata: como uma bomba. Outras, é como um míssil de longo alcance, cuja trajetória perfura o céu lentamente enquanto você aguarda o impacto. Toda noite na turnê *reputation*, Taylor dedicava uma parte do seu set a Loie Fuller, uma vanguardista da dança moderna, assumidamente lésbica. Os telões nos estádios ressaltavam que Loie havia lutado "para que os artistas fossem donos do próprio trabalho". De acordo com a *Vogue*, o ato mais famoso (e copiado) de Loie ficou conhecido como *serpentine dance*, que contava com mantos esvoaçantes presos a mastros para criar um efeito arrebatador e hipnotizante, envolvendo a dançarina em um "furacão de cortinas". O pedido de Loie pelos direitos autorais relativos à sua dança foi negado pela justiça em 1892. Mais de um século depois, quando Taylor se viu em meio ao próprio redemoinho de cobras, ela lutava silenciosamente por um novo contrato com sua gravadora que lhe conferisse os direitos às gravações master de seus seis primeiros álbuns. Assim como aconteceu com Loie, este direito também lhe foi negado.

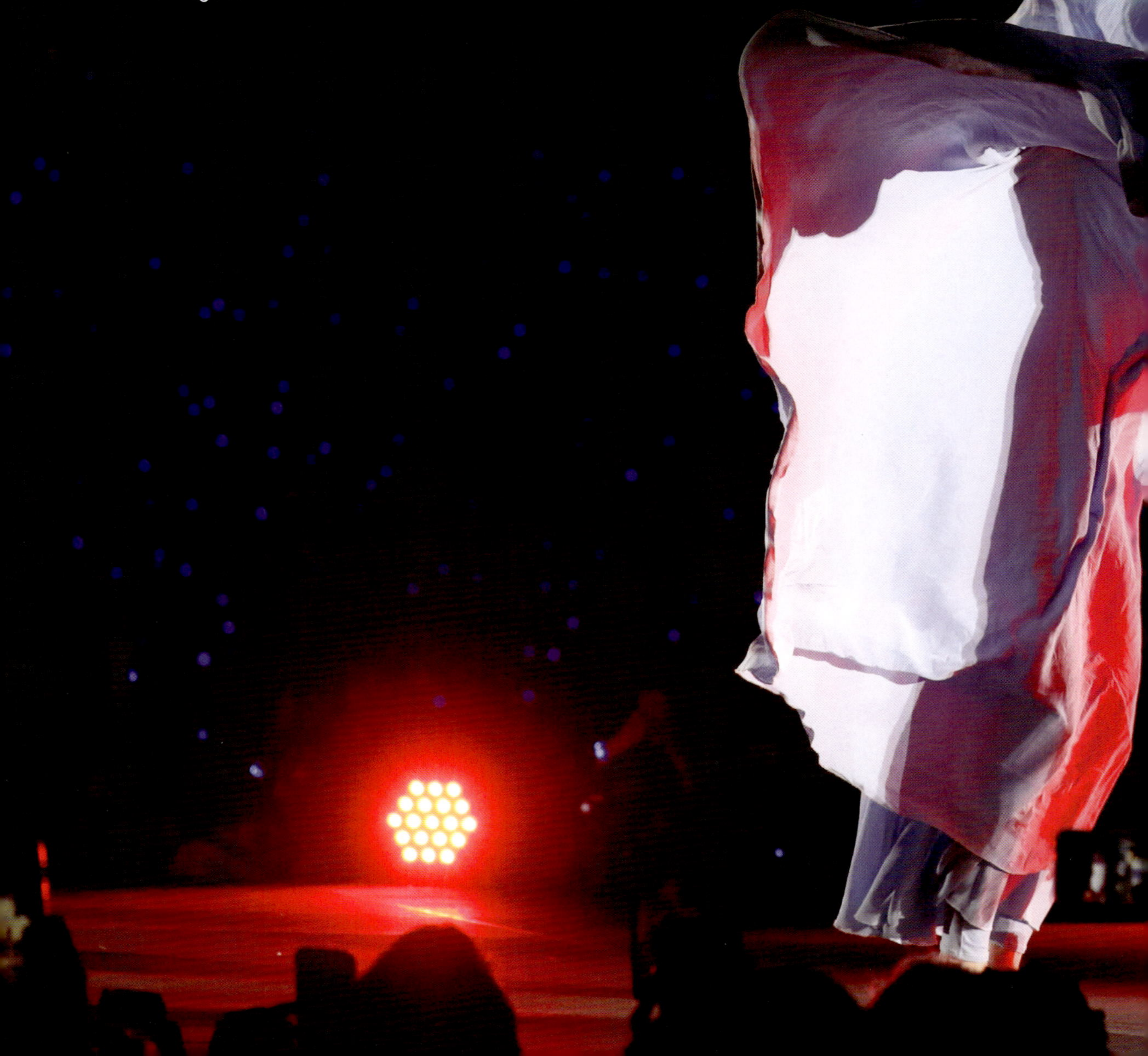

Parte

III

A POTÊNCIA QUE ELA CONSTRUIU

7

Lover

UMA METAMORFOSE EM TECHNICOLOR

Lover FOI O PRIMEIRO ÁLBUM LANÇADO POR TAYLOR SOB UM NOVO MODELO DE CONtrato e uma nova gravadora, a Republic Records, que garantia seus direitos autorais sobre as gravações master. O contrato anterior com a Big Machine Records havia chegado ao fim e não fora renovado, especificamente por conta do desacordo em relação à detenção dos direitos sobre seu catálogo até então. Emergindo das profundezas do serpentário de *reputation* e embarcando em uma jornada mais fortalecida como artista, o estilo adotado por Taylor durante esse período representou uma completa mudança de direção (embora algumas pessoas possam caracterizá-la como uma hipercorreção dramática), deixando para trás a paleta de cores escuras que dominou seu predecessor. Taylor revelou à *Rolling Stone* que o álbum originalmente se chamaria *Daylight*, mas achou que soava um pouco "sentimental demais e meio previsível". Envolto em tons pastel, à primeira audição *Lover* soava meloso e apresentava um novo elemento animal simbólico para suceder à cobra: a borboleta.

A divulgação do álbum começou com a mensagem edificante e um tanto melosa do single principal, "ME!". O respectivo clipe dá o tom da estética fantástica e extravagante — ouso dizer exagerada —, dominada pelo pulsante, vibrante e implacavelmente alegre imaginário de Taylor Swift. Imagine que a boate mais badalada acaba de ser inaugurada dentro da Walt Disney World e tabletes de ácido são distribuídos de graça com o ingresso. A sequência inicial mostra uma cobra literalmente explodindo num spray de confete de borboletas em tons pastel, e o *grand finale* culmina em um flashmob pelas ruas de paralelepípedos iridescentes enquanto uma chuva furta-cor cai do céu. Taylor, com mechas azul-claras no cabelo, é protegida da tempestade por um guarda-chuva e acompanhada por Brendon Urie, do Panic! At the Disco, que desce flutuando sem esforço de um céu de algodão-doce para fazer um dueto com ela. O clipe do segundo single do álbum, "You Need to Calm Down", dobrou a intensidade dessa estética agressivamente alegre, e foi descrito pela *Vogue* de forma apropriada como um "estacionamento de trailers de Big Gay Candy Mountain".[9] Uma das cenas de abertura do vídeo mostra Taylor com cabelo bufante, colocando uma jaqueta pink oversized de pele (sintética), prestes a revelar um biquíni sem alças rosa-bebê com cristais. Ah, e uma tatuagem (falsa) gigante nas costas de uma já mencionada explosão cobra/borboleta. O quarto clipe do álbum, para a canção "The Man", viu Taylor transformar-se em um mulherengo estilo Leonardo DiCaprio, exibindo sua riqueza e seu magnetismo físico em um iate cercado de modelos, ocupando espaço excessivo no metrô, demonstrando todos os comportamentos questionáveis dos quais os homens parecem conseguir escapar. A era *Lover* não foi sutil.

Lover tratava, sobretudo, de criar uma estética nitidamente iluminada que sinalizasse visualmente o adeus às dores do passado e o encontro com um novo e lugar mais feliz, de cura. Sobre essa transição visual, Taylor disse à *Vogue*: "Com cada reinvenção, nunca quis derrubar minha casa... Sendo esta casa, metaforicamente, meu corpo de trabalho, minha composição, minha música, meu catálogo, minha biblioteca. Eu só queria redecorá-la. Acho que, com *reputation*, muita gente pensou que eu estava colocando a casa abaixo quando, na verdade, eu só construí um bunker em volta." *Lover* abriu a porta do cofre para permitir que as pessoas voltassem a entrar e, enquanto fazia isso, instalou uma caixa de correio em tons pastel para deixar a fachada mais simpática. Taylor reforçou este visual no clipe da

> *"Com cada reinvenção, nunca quis derrubar minha casa... Eu só queria redecorá-la."*
>
> — Taylor Swift, *Vogue*, 2019

[9] A crítica da *Vogue* possivelmente faz uma referência velada à canção folk "Big Rock Candy Mountain", de Harry Mcclintock, que fala de uma espécie de utopia idílica para andarilhos. (N.T.)

faixa-título “Lover”, apresentando cômodos em colorações que remetiam à estética de cada um dos álbuns anteriores.

Peças com pregas ou em tom pastel — ou ambas — marcaram presença no guarda-roupa de Taylor. O cabelo temporariamente tingido nas pontas foi uma maneira divertida para imergir na vibração do estilo da era. Embora, a meu ver, a impressão era de terem grafitado a vitrine gótica de *reputation* com tinta neon, invertendo o exterior áspero daquele álbum com o interior mais suave de Taylor. Enquanto no passado ela escolhera cobrir suas vulnerabilidades com trajes de couro e camuflagem, sua nova armadura oficial tornava-se o glitter e todos os tons pastel. E fato é que, sob seus singles melosos, *Lover* explora temas significativamente mais vulneráveis do que sua cobertura açucarada faria o ouvinte acreditar. As faixas expõem inseguranças profundamente arraigadas (“The Archer”); tristeza pela doença debilitante de um membro da família (“Soon You’ll Get Better”); atacar alguém que você ama como um mecanismo de defesa (“Afterglow”); analisar a morte lenta de um amor construído na indiferença (“Death by a Thousand Cuts”) e enfrentar o medo de perder um amor que fora tão difícil de encontrar (“Cornelia Street”). Taylor falou sobre esse contraste à *Rolling Stone*: “Acho que nunca me entreguei ao passado de forma tão criativa quanto em *Lover*, que é muito, muito autobiográfico. Há momentos que vão pegar muito fácil, e há momentos extremamente confessionais.”

No fim, a epidemia de COVID-19 interrompeu o ciclo de divulgação do álbum, incluindo a turnê *Lover Fest*. Se *Lover* tivesse conseguido a passarela completa que merecia, suspeito que teria levado Taylor visualmente de volta ao enorme sucesso comercial mainstream. Suas roupas fofas e perfeitas demais eram exuberantes e expressivas; ela não parecia tão despreocupada havia muito tempo, ao menos por fora. Inclusive expressou, tímida (e incorretamente), no documentário *Miss Americana* que o álbum era “provavelmente uma das minhas últimas oportunidades como artista de alcançar esse tipo de sucesso... Estou chegando aos 30... Quero trabalhar bastante enquanto a sociedade ainda tolera o meu sucesso.”

O apreço de Taylor por glitter nunca terminou de fato, mas seu novo guarda-roupa com cores de cupcake foi como um suspiro de alívio após prender o ar na travessia de um túnel escuro. Em entrevista à *Vogue*, Taylor revelou sentir que *Lover* era como “um recomeço. Este álbum é realmente uma carta de amor ao amor, em toda a sua glória enlouquecedora, apaixonada, entusiasmada, encantadora, aterrorizante, trágica e maravilhosa.” A *Entertainment Weekly* descreveu “a comunicação das mídias sociais do álbum *Lover* como uma brisa fresca de verão se comparada ao prólogo glacial de *reputation*.”

iHeart
RADIO
FOX
iHeart
RADIO
FOX
iHeart
RADIO
iHeart
RADIO
FOX
iHeart
RADIO
iHeart
RADIO

Uma borboleta cria suas asas

É início de abril de 2019, e a artista de rua Kelsey Montague leva seu pincel a uma parede branca gigante em Gulch, bairro de Nashville, Tennessee. Suas criações aladas já foram pintadas com extraordinária riqueza de detalhes em enormes telas urbanas por todo o mundo. Seus murais de borboleta, intencionalmente, convidam e encorajam a interação; os passantes são atraídos a se posicionar diante deles e tornarem-se um só. Até onde Montague sabia, aquele trabalho havia sido solicitado pela rede ABC em apoio ao NFL DRAFT, o evento anual de recrutamento dos jogadores da principal liga de futebol americano, que naquele ano seria sediado em Nashville. O mural levou três dias para ser concluído e foi entregue quatro semanas após sua concepção.

O iHeartRadio MuchMusic Awards de março de 2019 foi a primeira grande estreia do estilo doce, iridescente e feminino da era *Lover*. Este macaquinho Rosa Bloom — uma pequena marca de varejo do Reino Unido — combina com as sandálias de salto com borboletas Sophia Webster, uma referência muito óbvia à metamorfose que inaugurava a próxima fase de sua carreira, uma em que Taylor não apenas cria e compõe suas músicas, mas também detém os direitos sobre elas. A maquiagem traz um toque perfeito de doçura, e como apoiadora do salto com amarração no tornozelo, acho que o formato e o fator kitsch da marca dessas sandálias dão o toque final perfeito. A meu ver, alguns centímetros das mangas poderiam ter sido transpostos para a bainha do macaquinho. Ao aceitar o prêmio de Turnê do Ano por *reputation* — uma turnê que quebrou recordes — vestindo o que se tornaria o símbolo da próxima era, não é coincidência que Taylor tenha dito aos fãs, de forma enigmática: "Amo a paixão de vocês, amo a atenção que vocês têm ao detalhe, amo como se importam. Só quero que saibam que quando houver música nova, vocês serão os primeiros a saber." Com certeza, esses saltos deixaram pegadas dignas de serem seguidas.

Em 13 de abril, o site oficial de Taylor Swift foi inundado com tons pastel suaves e sonhadores e uma contagem regressiva que terminava 13 (claro) dias depois, em 26 de abril. A internet pegou fogo, e para botar ainda mais lenha na fogueira, Taylor postou um close de um coração de cristal rosa e roxo em seu Instagram com a legenda "26/4". Havia, enfim, uma nova data para os fãs depositarem todos os seus sonhos e esperanças.

Se você está se perguntando qual é a relação entre esses dois eventos, você não está sozinho. Montague também não fazia ideia de quem era o verdadeiro (a verdadeira) cliente por trás da encomenda daquele mural. "Eu estava muito empolgada por fazer algo tão grande para a ABC e fiquei chocada quando soube que o mural não era para a NFL, mas sim para Taylor Swift!" Perguntei a ela se em algum momento ela desconfiou que o cliente talvez não fosse quem parecia ser e a artista disse: "Me pediram que incluísse alguns itens-chave, como 13 corações e 13 gatos. Achei curioso, porque não achei que isso era muito focado em futebol."

Sem fanfarra nem anúncio formal, fãs desconfiados se juntaram diante do mural em uma missão: provar que os dois eventos estavam, de fato, relacionados.

Como esperado, em 26 de abril, Taylor Swift apareceu diante do mural em um conjunto lilás e com as pontas do cabelo pintadas de rosa. Foi este o dia em que a internet criou asas: revelou-se oficialmente que aquela arte era parte da estratégia de lançamento do single principal de *Lover*, "ME!". Poucas horas antes da chegada de Taylor, o título rapidamente foi acrescentado entre as duas asas da borboleta. O segredo foi tão bem guardado que Montague só descobriu quando Taylor chegou ao local.

No Instagram, Swift expressou sua gratidão aos fãs que desvendaram o enigma e ficaram de prontidão diante do mural. "Obrigada a todos que compareceram. Nunca estive tão orgulhosa das habilidades de FBI de vocês", diz a legenda sob sua foto diante do mural, com os braços abertos.

(PRÓXIMA PÁGINA) Um dos momentos mais memoráveis, ainda que apenas por seu completo absurdo, durante a era *Lover* foi a aparição surpresa da Taylor diante do mural em Nashville. O conjunto lilás Rococo Sand talvez ecoe o estilo cropped/combinação preferido da era *1989*, mas o tecido flutuante, a saia midi, a manga bispo e os apliques florais suavizam o look e o inserem no mundo fantástico de *Lover*. As sandálias multicoloridas Stuart Weitzman, modelo Nudist, dão o toque especial: é um dos meus formatos de calçado minimalista preferidos, mas seus tons na paleta do amanhecer trazem um elemento lúdico que as torna perfeitas para *Lover*. Para alguém que já usou a cor do cabelo como um marcador de eras significativo (continuamos rezando por uma Taylor ruiva algum dia na vida), as pontas do cabelo pintadas trouxeram um detalhe novo e divertido.

ME!

Coelhinho da Páscoa, que *easter eggs* trazes para os swifties?

Um dos hábitos mais conhecidos de Taylor é incorporar *easter eggs* em suas obras. Eles estão ali para adicionar uma dimensão extra à sua arte, um detalhe que apenas alguém realmente muito atento iria perceber.

A prática (e o termo) é anterior a Taylor, popularizada originalmente como a colocação de recursos secretos em videogames dos anos 1980 para que o jogador desavisado se deleitasse com a descoberta. A versão de Swift envolve muito mais uma espécie de obsessão investigativa por parte dos fãs. E parte da diversão é estar redondamente enganado (como ficcionalizar um álbum não lançado chamado *Karma*) ou não encontrar essas pistas de jeito algum (a carta endereçada a "Johnny" no clipe de "Tim McGraw" se refere à locação do vídeo: a antiga residência de Johnny Cash e June Carter Cash).

Em entrevista à *Entertainment Weekly* em 2019, Taylor disse que o desenvolvimento dos *easter eggs* desempenha um enorme papel na interação e no relacionamento com os fãs, que ficam afoitos para decodificar mesmo o detalhe mais incongruente. "Eu os treinei para ser assim", afirmou. "Adoro que eles gostem das dicas enigmáticas. Porque enquanto eles gostarem, eu vou continuar fazendo. É divertido. Tipo uma brincadeira com uma pitadinha de malícia."

A incursão inicial de Taylor no mundo dos *easter eggs* aconteceu no encarte de seus primeiros cinco álbuns, nos quais ela deixaria algumas letras aleatórias em maiúsculas entre os versos das canções para contar uma mensagem secreta, oferecendo ela própria um pedacinho de inspiração. Essa prática transformou o encarte de CD em uma espécie de prova com consulta (pense em uma prova com consulta escrita na forma de palavras cruzadas feita por um professor de inglês muito habilidoso), guiando o fã para uma resposta sobre a origem da composição. A mensagem secreta de "Should've Said No", por exemplo, é o nome do ex-namorado mulherengo da música, repetido sem parar (a letra escarlate é pouco nesse caso!). A mensagem de "Everything Has Changed" em *Red* é "Hyannis Port", uma referência à região costeira afluente que acolheu seu romance de verão com Conor Kennedy. Taylor também não se isenta da autorreferência, codificando sua própria música "Forever & Always" na mensagem secreta de "Last Kiss" em *Speak Now*, uma alusão à canção de mesmo nome em *Fearless*, a qual admitiu abertamente no programa *Ellen DeGeneres* ter sido um acréscimo de última hora sobre certo Jonas Brother.

No fim, esse jogo de letras se metamorfoseou em uma forma mais literal de falar abertamente sobre a própria vida. Durante a turnê *Speak Now*, a cada apresentação Taylor selecionava o trecho de alguma música e transcrevia com caneta permanente em uma caligrafia curva em seu próprio braço. Isso não apenas mantinha os fãs interessados, acompanhando o progresso da turnê só para ver qual seria a letra do show seguinte, como também era uma espécie de *insight* do seu estado de espírito. Estampadas na própria pele, as letras eram como uma extensão do figurino da turnê.

Alguns dos meus *easter eggs* favoritos foram transmitidos em looks, um código Morse de estilo falado entre os fãs que curtem moda.

Por muitas vezes, como nesta apresentação em Nashville, epicentro da música country, Taylor escolheu letras atrevidas e atuais, como um verso da canção "Baby Girl", do grupo country Sugarland. O trecho em seu braço destaca seus cabelos cacheados tão característicos e marca registrada de sua estreia na cena do gênero que primeiro a consagrou. Outras, como a de "Stupid Girl", de Keith Urban, que descrevem o sentimento de ser assombrada e despedaçada por uma relação tóxica, pareciam um preâmbulo sinistro do tumultuado relacionamento que mais tarde ela dissecaria em *Red*.

(À ESQUERDA) Os oxfords Christian Louboutin em veludo vermelho poderiam levar o prêmio de um dos maiores (e mais subestimados) *easter eggs* fashion do histórico de Taylor. Em seu aniversário de 22 anos, Taylor postou uma foto no Instagram com os pés cruzados sobre uma mesa de som de estúdio e a legenda dizendo "Estúdio/Aniversário/Novo Álbum/Sapatos Vermelhos". Seu quarto álbum, intitulado *Red*, claro, seria lançado dez meses depois. Um *easter egg* verdadeiramente bom é aquele cuja obviedade nos deixa tão perplexos que talvez uma maratona de *Scooby-Doo* caia bem.

(À DIREITA) Este look em particular, usado durante uma série de looks montados antes das apresentações da turnê *reputation* em Nova Jersey, pareceu muito preciso e intencional. As botas plataforma Saint Laurent na altura do tornozelo remetem ao estilo que ela usaria durante toda a era (presumo que a fizessem se sentir poderosa e capaz de esmagar qualquer rumor com uma única pisada). Mas o componente mais interessante é o macaquinho Fausto Puglisi sob medida, inspirado na coleção pré-outono de 2017. A maxiestampa de palmeiras é nitidamente a mesma usada em uma cena relâmpago do clipe de "Look What You Made Me Do", quando Taylor é vista cortando as asas de um avião com motosserra e várias versões anteriores dela mesma disputam o topo em primeiro plano. Enquanto o espectador é distraído pela fileira de outras Taylors se curvando sob os holofotes, em uma paródia das várias imagens que dominaram as manchetes ao longo dos anos, a Taylor vestindo Fausto Puglisi em segundo plano escreve com spray a palavra "reputation" na carcaça do avião. Dado que o macacão era feito sob medida e atribuído ao estilista de Taylor, não há nenhum equívoco em dizer que a intenção aqui era passar um recado. Para mim, esta era sua maneira atrevida de destilar o tema-chave de *reputation*, o que de fato estava acontecendo em sua vida particular enquanto o mundo era distraído pelas *fake news* que tomavam os holofotes.

O videoclipe de "Look What You Made Me Do" começa com a lápide do túmulo onde descansa a reputação de Taylor Swift. O vídeo apresenta duas Taylors que simbolizam extremidades visuais da primeira e da última aparição da era *1989* (e uma terceira referência relâmpago de Taylor com seu pseudônimo de composição, Nils Sjöberg — o mesmo usado para "This Is What You Came For" —, listado em uma lápide). A Taylor pacificamente falecida, ainda em seu túmulo, usa um vestido Oscar de la Renta cor--de-rosa, o mesmo usado no Met Gala de 2014 — uma aparição muito precoce de seu então recente *bob cut*, que atraiu muitas atenções, considerado o início da linha do tempo *1989*. (O single principal, "Shake It Off", seria lançado apenas alguns meses após o evento.) Enquanto isso, sua coveira é uma Taylor zumbi que escava seu caminho de volta à superfície em um vestido plissado J. Mendel azul — o mesmo usado no último videoclipe de *1989*, "Out of the Woods". Embora o último single de *1989* de fato seja "New Romantics" (que foi relegado apenas à versão *deluxe*, infelizmente), seu respectivo videoclipe não teve um tratamento à altura, sendo composto apenas por uma montagem de trechos da turnê.

MGM GRAND
LAS VEGAS
NBC
2019
AWARDS

O poder dos tons pastel

Para celebrar a vitória de sua primeira conquista de direitos autorais de um álbum próprio, Taylor voltou a abraçar cores e modelos superfemininos, uma jogada bastante perspicaz. Dias antes de anunciar o single principal de *Lover*, Taylor "anunciou" o estilo da próxima era desfilando por Nova York em um conjunto tie-dye em tom cítrico: uma jaqueta Zadig & Voltaire rosa e azul derretendo como uma nuvem de algodão-doce sobre uma camiseta rosa tie-dye N:Philanthropy e um short amarelo One Teaspoon. No passado, as escolhas de Taylor para enfatizar a própria feminilidade pareciam uma tentativa de reforçar seu valor apesar da tão pouca idade. *Lover*, por outro lado, refletia totalmente a performance artística de uma mulher adulta e sem nada a provar a ninguém. Em vez de fazer escolhas como resposta às críticas, Taylor estava rindo de si mesma e não dando a mínima. E se isso estava incomodando muito alguém, bem... ela conquistara o direito de abrir totalmente suas asas.

(À ESQUERDA) Barbie patinadora. No Billboard Music Awards de 2019, Taylor surgiu pronta para fazer algumas manobras em um minivestido Raisa & Vanessa lilás. O cabelo preso foi uma escolha inteligente para abrir espaço para o volumoso babado em volta do pescoço. As sandálias Casadei com amarração no tornozelo (das quais sempre serei grande fã) no mesmo tom também foram uma boa opção, um elemento minimalista para contrabalançar a parte de cima do look.

(À DIREITA) Uma bolsa hobo Vince Camuto preta, pesada e intrusiva não seria minha escolha para combinar com um look rosa leve e suave. As pontas dos cabelos pintadas são mais uma experimentação divertida do que uma tentativa de emular Avril Lavigne. A tintura temporária era de uma marca chamada Good Dye Young, fundada por Hayley Williams, amiga de Taylor e vocalista da banda de rock Paramore. A decisão de Taylor pelas camadas florais mantém o look consistente, embora com a padronagem um pouco pesada. O short Urban Outfitters (59 dólares) entra em cena para equilibrar os tênis Gucci (650 dólares). Mas a cereja do bolo é o suéter cropped floral, um item de sua futura linha de produtos licenciados.

Cadillac
Cadillac
TIME
100
Cadillac
Cadillac
TIME
100
TIME
100
Cadillac

"Este álbum é realmente uma carta de amor ao amor, em toda a sua glória enlouquecedora, apaixonada, entusiasmada, encantadora, aterrorizante, trágica e maravilhosa."

— Taylor Swift, *Vogue*, 2019

Um dos meus looks favoritos da era *Lover* e um perfeito exemplo do poder dos acessórios. Sem a manga bispo e o adorno de cabeça floral Lorraine Schwartz, este J. Mendel seria apenas um vestido sem alça estilo grego — embora numa sublime combinação das cores toranja/limoncello. Com os acessórios, o vestido ganha um ar sofisticado e etéreo, como asas cítricas de anjo ou nuvens de algodão-doce envolvendo Taylor delicadamente. Elegante sem deixar de ser estiloso.

(À DIREITA) Este look, usado no programa *Good Morning America*, pareceu a versão atrevida de um outfit básico de escritório. Uma camisa de seda simples de repente se torna digna do palco quando é no tom hot pink, transparente e desenhada por Helmut Lang. Taylor fundamentou o destaque de cor da blusa e as lantejoulas do short Jessica Jones personalizado com peças em preto, como o body Wolford e as botas Rene Caovilla.

(PRÓXIMA PÁGINA) Caindo do céu como uma chuva em technicolor, Taylor e seu parceiro de dueto, Brendon Urie, do Panic! At the Disco, fizeram a primeira performance de "ME!" no Billboard Music Awards com toda a pompa. Este body de um ombro só (um trabalho conjunto entre seu stylist Joseph Cassell e sua figurinista de turnê de muitos anos Jessica Jones) era a colisão entre um pacote de glitter e um de jujubas: delicioso para os olhos. Gosto como o detalhe da franja na manga segue até virar um elemento da saia. As botas azul-claras Stuart Weitzman são um toque final divertido, quase uma homenagem às botas Liberty no mesmo tom que uma Taylor adolescente usava em seus anos country.

Invasão (de designer) britânica

Os elementos tie-dye e de arco-íris da moda *Lover* sangraram para a primeira colaboração oficial de Taylor, com a designer britânica Stella McCartney, citada por Taylor na canção "London Boy". A coleção apresenta uma tipografia em estilo graffiti com os nomes de Taylor e Stella, junto com manchas splash tie-dye em capuzes, jaquetas, moletons e camisetas. Em entrevista à *Vogue*, Taylor divulgou que a mudança para Londres a ajudara a estreitar a relação com Stella, e a linha de produtos foi desenvolvida a partir disso. "Quando comecei a passar mais tempo em Londres, Stella e eu saíamos para caminhar, para tomar um drinque, falar sobre a vida. Assim que comecei a compor o álbum, coloquei o nome dela em uma das músicas. Então a convidei para ouvir e perguntei: 'Não seria legal se fizéssemos alguma coisa juntas?'"

O primeiro *easter egg* veio com Taylor usando meias da marca para eventos esportivos e durante sua apresentação no festival Wango Tango, em junho de 2019.

Desde a entrevista à *Flare* em 2009, Taylor tem se mostrado incisiva em afirmar que qualquer incursão no mundo da moda teria a acessibilidade como princípio fundamental. "A moda não precisa de uma etiqueta com valor alto para ser relevante... Não tenho a intenção de endossar coisas às quais as pessoas não possam ter acesso", disse ela na época. A opinião foi divulgada na *Vogue* em 2016, quando Taylor disse que qualquer futura linha de roupas com sua assinatura deveria ser "algo identificável, acessível e para o uso no dia a dia", acrescentando: "Não vejo nada no campo da alta-costura. Gostaria de algo que refletisse meu estilo, e muitas das coisas que eu visto não são extremamente caras."

A coleção Stella x Taylor, porém, foi precificada na direção oposta, causando uma agitação entre os fãs, que, por anos, ansiavam por uma linha de roupas licenciadas da artista. Os vestidinhos do dia a dia, como aqueles que Taylor usava para dar uma volta pelo bairro, ou mesmo os suéteres extravagantes em tons pastel nunca apareceram na coleção lançada em agosto de 2019. Composta em grande parte por itens *cobranded* (ou seja, associados a outras marcas muito além do orçamento da maioria dos fãs), as roupas não eram inerentemente para o dia a dia, a citar, por exemplo, uma jaqueta bomber de seda decorada com strass, nuvens em tons pastel e asas pintadas com as cores do arco-íris custando 1.995 dólares. Ou seja, os preços e a estética eram incongruentes com todo o branding de Taylor, que sempre levantou a bandeira das roupas acessíveis a preços acessíveis.

Em muitas ocasiões durante a divulgação de *Lover*, Taylor vestiu peças divertidas, porém inesperadas de Stella McCartney. À esquerda, um macacão com padronagem poá multicolorida (combinando perfeitamente com as pedras nas sandálias Kat Maconie). O detalhe do zíper duplo dá o charme, e a barra na altura da panturrilha é um exemplo real e não intencional de um "problema de garota alta".

Quando Taylor se compromete com uma revisão estética, ela se compromete de verdade. Esse conjunto arco-íris um tanto agressivo é resultado de outro trabalho em equipe entre Joseph Cassell e Jessica Jones. E, claro, não seria um look da Taylor sem algum *easter egg*. A jaqueta com franjas soa como asas texturizadas de borboleta, a mascote da era *Lover*. Os tênis Stella McCartney seguem dando uma pista da futura colaboração com a designer. Mas nem eu sou capaz de descobrir qual a necessidade do combo espartilho e hot pants arco-íris.

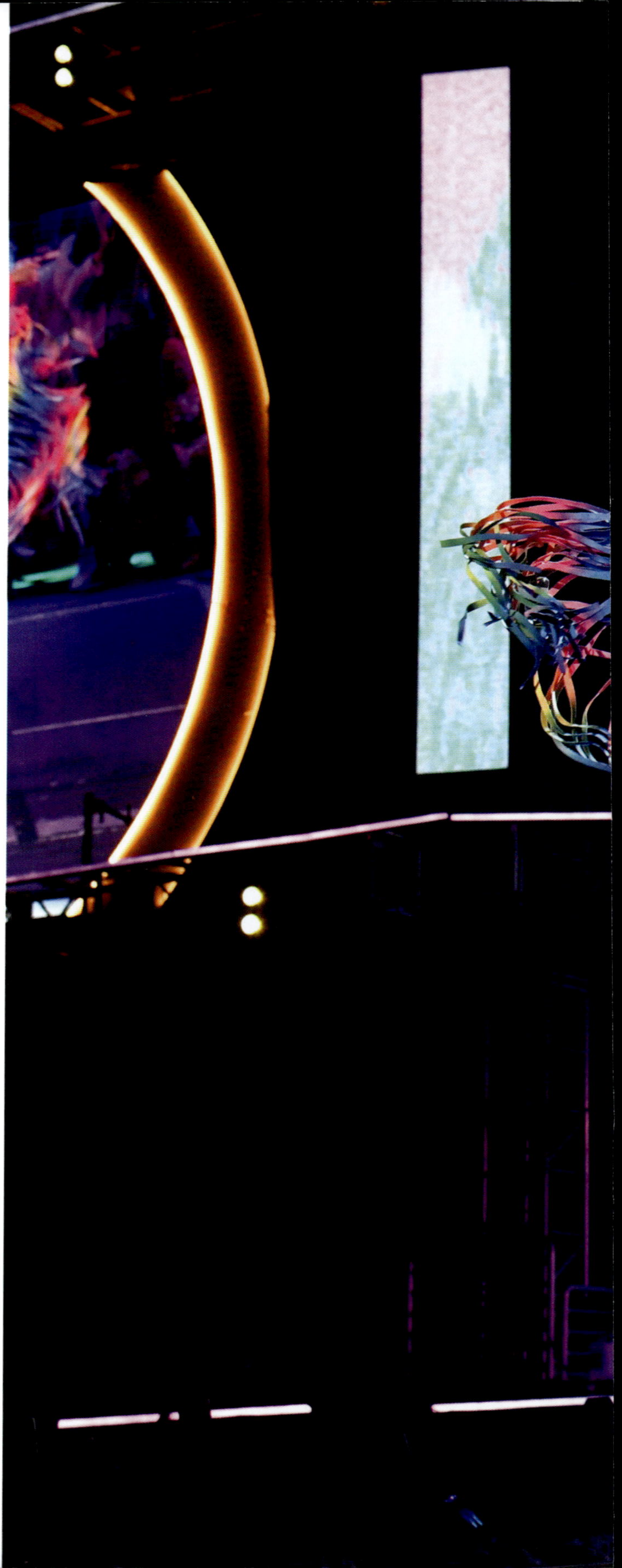

Eu sou mulher, respeite minhas ombreiras

Mais do que nas anteriores, Taylor pareceu confortável e confiante durante a era *Lover*. Além de passar a deter os direitos sobre as novas gravações master de sua obra, ela também se aventurou pela primeira vez como diretora, com o videoclipe de "The Man". Taylor também apresentou um medley com sucessos da carreira no American Music Awards de 2019 como Artista da Década e aceitou o prêmio de Mulher da Década da Billboard com um discurso comovente de quinze minutos. Sua fala versou sobre o escrutínio do público e da mídia e toda a misoginia que enfrentou ao longo de seus dez anos de carreira. Além de reivindicar seus direitos, Swift finalmente curtia um lugar ao sol, conquistado após anos de consolidação silenciosa de sua vida pessoal em meio a tantas turbulências.

A metafórica luz no fim do túnel que Taylor alcançou durante a era *Lover* deu a ela a oportunidade de refletir sobre sua carreira até então. Por anos, Swift esteve à deriva emocionalmente, navegando pelas águas da adolescência e do começo da vida adulta e enfrentando suas ferozes tempestades. Nos anos seguintes, completamente sugada por uma correnteza, ela quase se afogaria. Foi como se *Lover* tivesse sido escrito em uma praia tranquila e segura, um ponto de observação dos mares que ela havia atravessado. Em entrevista à *Rolling Stone*, Taylor afirmou: "Sinto como se tivesse me dado permissão para revisitar assuntos antigos sobre os quais eu costumava escrever, talvez olhando para eles com novos olhos." A *Entertainment Weekly* observou que *Lover* é sobre "resolver conflitos e ser gentil consigo mesmo".

(À ESQUERDA) A caminho de sua apresentação no Dia do Orgulho LGBTQIAP+ no Stonewall In,[10] em comemoração ao quinquagésimo aniversário da Revolta de Stonewall, Taylor vestiu o que seria o look mais bem executado de toda uma era. Ele alcançou o equilíbrio perfeito entre o novo, o moderno, o divertido e o sério. O rosa dos pés à cabeça, o brilho do short IRO e o aplique floral com cara de desenho animado nos saltos Kat Maconie trouxeram a efervescência do estilo *Lover*. Mas o blazer Saint Laurent, o rabo de cavalo elegante e a blusa de colarinho levam as coisas para fora do território da fantasia.

(À DIREITA) Não sei você, mas eu olho para este look e me sinto confusa. Temos aqui um ótimo exemplo de algo que não tinha como se tornar maior do que a soma das partes, certo? Bem, talvez isso se aplique para nós, mas, na Taylor, é só kitschy e doido o suficiente para funcionar. O vestido floral Zimmermann com bainha de renda e as sandálias de veludo acetinado Rupert Sanderson são a cara do verão; o blazer oversized Mango (uma loja europeia estilo Zara) é a cara do outono, e a bolsa Anya Hindmarch é a cara de "Me coloque de volta na prateleira onde você me achou".

[10] Bar gay e ponto turístico histórico, cenário dos protestos de 1969 que se tornaram um marco na luta por direitos da população LGBTQIAP+ (N.E)

Lover

"Eu me sinto mais confortável sendo corajosa o bastante para ser vulnerável."

— Taylor Swift, *Entertainment Weekly*, 2019

Se a Versace fizesse fantasias de gladiador, certamente elas seriam desse jeito. Para cantar "Lover" no VMA de 2019, Taylor vestiu um blazer índigo por cima de um body dourado e shorts de cintura alta ornamentados (algumas modelagens realmente são eternas). Momentos antes disso, Swift havia apresentado sua versão de um hino gay ("You Need to Calm Down") sem o blazer e com um time imenso de bailarinos. O blazer funcionou como uma troca de figurino simples e eficiente para diferenciar as duas músicas, conferindo-lhes seu próprio "momento", mas achei interessante que, para cantar uma balada vulnerável sobre o amor digna de uma dança, ela tenha optado por uma espécie de armadura com ombreiras.

Esse sentimento foi materializado no American Music Awards, quando Taylor foi coroada Artista da Década e apresentou um medley abrangendo toda a sua carreira. A performance alegre, mas ao mesmo tempo orgulhosa e desafiadora, começou com ela sozinha no centro do palco. Um único holofote destacava sua camisa branca com os títulos de seus seis primeiros álbuns em letras maiúsculas, lembrando o uniforme de uma prisão. Eram exatamente os álbuns que haviam sido vendidos para terceiros sob brechas contratuais. Ou seja, a obra de sua vida era refém de um proprietário ilegítimo. Com um barulho de vidro sendo quebrado — sem dúvida uma referência ao fato de Taylor ter conseguido quebrar as barreiras da discriminação e da ascensão profissional —, Swift deu início à sequência com "The Man", uma música voltada para a duplicidade de critérios à qual foi submetida durante toda a sua vida. Quando um grupo de meninas se junta a ela no palco, fica fácil entender a alusão às fãs mais jovens, que miram Taylor como um exemplo a ser seguido. Além disso, também faz referência ao legado duradouro que ela deixará, como uma potência na indústria que vem ajudando a inspirar e a orientar uma nova geração de cantoras e compositoras. Com um giro rápido em suas botas Marc Fisher, Swift revela a palavra "Fearless" nas costas, e o título de seu segundo álbum assume um novo significado.

À exceção do hit avassalador "Shake It Off", a apresentação de Taylor passou cronologicamente pelas canções de amor mais icônicas de sua carreira. Essa sucessão de sucessos massivos demonstrou de forma fascinante sua gama de experiências com o amor tomando forma ao longo do tempo. Em "Love Story" vemos o coração adolescente de Taylor. Naquela idade, sua ideia de amor era moldada por um otimismo ingênuo, pelas comédias românticas e pela crença nos finais felizes dos contos de fadas. Então surgem as primeiras relações aos vinte e poucos, e começam a surgir algumas brechas nessa visão de amor idealizada, como retratado nos sinais de alerta presentes em "I Knew You Were Trouble". Esse sentimento de cautela vai acabar se dissolvendo em uma aceitação irônica. Em "Blank Space", Taylor se permite entrar na piada, fazendo graça da própria vida amorosa, aparentemente obsessiva e dramática. No final, cada música é como um passo na jornada até "Lover". Swift cantou a balada que dá título ao álbum, que fala sobre encontrar um amor com o qual já tinha sonhado uma vez, através das lentes de uma tragédia shakespeariana, tocando um piano rosa enfeitado com cristais com os nomes de seus seis álbuns anteriores.

Apenas duas semanas após o lançamento de *Lover*, Taylor fez uma apresentação única e exclusiva em Paris para uma plateia intimista de duas mil pessoas. Intitulado "City of Lover", este acabaria sendo seu único show relativo ao álbum, uma vez que a turnê *Lover Fest* foi cancelada por conta da pandemia de COVID-19. Com um setlist de dezesseis músicas, ela tocou oito canções de *Lover*, a maioria em versões mais simples ou acústicas. O show foi como um retorno às suas raízes de cantora e compositora, com ênfase apenas na música e nas palavras. O look escolhido foi igualmente simples. Até mesmo os brilhos estavam mais sutis, aparecendo apenas em seu short de lantejoulas Faith Connexion listrado, com o restante do conjunto preto e elegante, composto por um body de seda Versace e coturnos Prada.

SPEAK NO
1989
RED

O medley que perpassou a carreira de Taylor no American Music Awards envolveu algumas trocas de figurino. A maior parte da performance foi executada em um collant dourado (À ESQUERDA), com design personalizado de seu stylist Joseph Cassell e sua figurinista Jessica Jones. O mais reconhecível dos looks seguia a evolução do uso do brilho em seus figurinos de palco, com as tiras soltas nas pernas acrescentando um detalhe sutil e sexy. O que mais me intriga, entretanto, é o acréscimo da capa rosa (ACIMA) quando ela se senta ao piano para tocar a canção final da sequência, "Lover". Na apresentação de uma balada romântica, quando supostamente ela estaria no auge de sua vulnerabilidade emocional, ela opta por uma capa teatral: por um lado a força de uma super-heroína, por outro, um manto protetor.

Durante esse período, Taylor aproveitou inúmeras oportunidades para falar sobre temas que considerava importantes, em alto e bom som e com orgulho. Seu silêncio notável durante a eleição presidencial nos Estados Unidos em 2016 fez muitos se questionarem sobre seu comprometimento político. Ela confessou à *Vogue* o seu raciocínio — e seu arrependimento — por não ter sido mais explícita na época. "Infelizmente, na eleição de 2016 tínhamos um candidato que estava transformando a voz de celebridades em arma. Ele saía pelos lugares dizendo 'Sou um homem do povo. Estou aqui por vocês. Eu me preocupo com vocês'. Eu sabia que aquilo não ia ajudar. Bem, e teve também o fato de que no verão antes da eleição todo mundo estava falando [sobre mim]: 'Ela é calculista. Ela é manipuladora. Ela não é o que parece. Ela é uma cobra. Ela é uma mentirosa'. Eram exatamente as mesmas ofensas que as pessoas proferiam contra Hillary." A maior preocupação de Taylor aparentemente era: "Eu vou estar endossando ou prejudicando essa candidatura?"

Dois anos depois, Taylor resolveu manifestar seu posicionamento político. Seu apoio a candidatos democratas e à campanha pelo registro de votação antecipado resultou em um enorme pico de novos eleitores registrados na faixa dos 18 aos 29 anos, de acordo com o *Washington Post*. Ela disse à *Rolling Stone*: "Estou focada nas eleições de 2020... Estou realmente interessada em ajudar, e não a me tornar um obstáculo." O engajamento de Taylor na esfera política tornou-se a narrativa principal de seu documentário *Miss Americana*, dirigido por Lana Wilson e lançado em janeiro de 2020.

Taylor também utilizou seus videoclipes como uma extensão de sua visão política. No que pareceu uma propaganda supersaturada (e quem sabe uma forma exagerada de compensação) para uma aliança de apoio à causa LGBTQIAP+, o clipe de "You Need to Calm Down" se passa em um estacionamento de trailers onde os moradores são exclusivamente, e notavelmente, *queer* (incluindo o elenco da série *Queer Eye*, Ellen DeGeneres, RuPaul e Laverne Cox, para dizer alguns nomes). O vídeo pede apoio ao Equality Act — um projeto de lei que visava proibir a discriminação baseada em orientação sexual e identidade de gênero — e ajudou a recolher meio milhão de assinaturas em uma petição. Quando o clipe foi premiado como Vídeo do Ano no VMA de 2019, Taylor, ao lado de muitas das estrelas presentes no vídeo, disse: "Levantamos muitos pontos importantes nesse clipe, então vocês terem votado nele significa que desejam um mundo onde todos nós sejamos tratados igualmente perante a lei, independente de quem amamos, independentemente de como nos identificamos."

Uma de suas aparições mais contundentes da era foi na ocasião do discurso de aceitação para o prêmio de Mulher da Década, entregue pela *Billboard*. Taylor quase vencera a mais alta honraria da *Billboard* para Mulher do Ano duas vezes: primeiro em 2011 e depois em 2014. Receber o prêmio principal em 2019 foi o marco de uma trinca de sucessos — e em cada ocasião ela usou modelos Oscar de la Renta,

Na estreia de seu documentário *Miss Americana* em Sundance, Taylor apareceu toda de xadrez em um look Carmen March. Pessoalmente, acho uma maneira chique e marcante de jogar com padrões e delinear uma silhueta precisa. O Festival de Sundance, realizado na cidade turística montanhosa de Park City, em Utah, todo mês de janeiro, exigia um casaco. Mas em vez de ser engolida pelo agasalho, ela escolheu usá-lo sobre os ombros como se fosse uma capa, fazendo com que o top e a calça de cintura alta por baixo tivessem um pouco de espaço para respirar, em vez de se fundirem em um xadrez contínuo. As botas Manolo Blahnik foram confeccionadas em colaboração com Carmen March para resultar na combinação perfeita. Um visual "indo trabalhar em um dia de dez graus negativos".

FOX
TEEN CHOICE 2019

um designer cuja contribuição histórica de maior destaque foi vestir a icônica Jackie Kennedy, maior fonte de inspiração de Taylor em termos de estilo.

O discurso de Swift foi uma demonstração pungente, porém comedida, de autoconsciência, embrulhada em um elegante macacão azul-marinho e dourado. Ela abordou os pontos altos da primeira década da carreira, como o lançamento do primeiro álbum e o sucesso dos primeiros singles que conquistaram o topo das listas, "Love Story" e "You Belong with Me". As maiores ênfases, porém, foram em temas como sexismo e sensacionalismo. Embora estivéssemos acostumados a ouvir as versões poéticas dessas experiências em suas composições, no discurso o que se ouviu foi a verdade nua e crua de Taylor Swift. Poderoso, mas irônico. Corajoso, mas agridoce. "Nos últimos dez anos tenho observado as mulheres nesta indústria serem criticadas, comparadas umas às outras e julgadas por seus corpos, sua vida amorosa, seu estilo. Vocês já ouviram alguém falar sobre um artista homem: 'Eu gosto muito das músicas, mas sei lá, tem alguma coisa nele que me incomoda...'? Não! Essa crítica é reservada a nós", disse ela, em um discurso que pareceu uma espécie de fechamento de ciclo astral. Sobre sua imagem ter sido dilacerada pela mídia, Taylor afirmou: "Naquela época, eu não entendia por que tinha sido tão duro o impacto dessa onda de críticas... Hoje sei que é simplesmente isso o que acontece com uma mulher que alcança um nível de sucesso ou poder que desafia a zona de conforto das pessoas."

Como uma mulher que ensinou a si mesma a arte do retorno, não foi surpresa quando Taylor mencionou a capacidade de se reinventar: "Descobri que existem dois grupos distintos entre as pessoas que conseguem continuar criando nesse ambiente: os que se permitem ser dilacerados pela crítica e os que simplesmente seguem fazendo sua arte... A pressão que poderia ter nos destruído acabou nos transformando em diamantes." Era o testemunho tocante de alguém que passara quase toda a vida construindo uma estética com base no poder do brilho, apropriadíssimo para um álbum que fala sobre emergir da escuridão.

Taylor usou Versace em duas aparições consecutivas. Estampas vertiginosas em tons saturados e muita perna à mostra mantêm os looks em sintonia, com diferenças sutis. Embora eu ame o penteado parcialmente preso que ela usou no Teen Choice Awards (PÁGINA ANTERIOR, À ESQUERDA), meu voto vai para o blazer alongado com corpete do VMA (PÁGINA ANTERIOR, À DIREITA). O jogo de proporções, graças às botas de cristal na altura da coxa, torna o look mais coeso. E, perdão pelo meu favoritismo, as argolas verdes foram uma escolha inspirada.

2014

(PÁGINA ANTERIOR) Mesmo evento, mesmo designer, anos diferentes. Para as três vezes em que foi nomeada para o prêmio de Mulher do Ano (ou da Década) da *Billboard* — e assim quebrando um recorde na categoria —, Taylor vestiu Oscar de la Renta. É fascinante ver as mudanças e as similaridades na estética que unem esses looks. As aparições de 2011 (vestido vermelho) e 2014 (vestido preto e branco) trouxeram saias rodadas e sapatos fechados (Miu Miu e Christian Louboutin), e ambos com seu corte de cabelo característico da época (a franja e o *bob cut* respectivamente). Os dois também passavam uma energia "almoço com as amigas". Sua decisão por um moderno e elegante macacão em 2019 pareceu gritante em contraste aos outros looks mais recatados.

(À DIREITA) O macacão Oscar de la Renta azul-marinho foi acentuado pelos acessórios dourados e, claro, seu característico batom vermelho. O trio de cores (vermelho, azul e dourado) parece uma homenagem à presença proeminente delas nas letras de Taylor, que traduz as emoções do amor em cores. Mas o que acho mais fascinante são os detalhes em corrente contornando o pescoço de forma assimétrica e frouxos na cintura. Parecem simbolizar uma mulher se libertando ao mesmo tempo que escolhe usar as algemas como prova de sua sobrevivência — à elevação a um pedestal e à prisão em uma gaiola, ambos de ouro.

Lover renasceu como segmento de abertura no retorno de Taylor aos palcos na The Eras Tour, em 2023. Uma homenagem apropriada para retomar do ponto onde haviam parado os sonhos não realizados da *Lover Fest* cancelada pela pandemia. Sua apresentação faz referência ao *Nascimento de Vênus*, de Sandro Botticelli. Um tecido com bordas onduladas se movimenta ao redor do corpo com auxílio de um ventilador, fazendo um claro paralelo com surgimento da deusa do amor vinda do mar. O body Versace iridescente e as botas Christian Louboutin (ambos por si só obras de arte) capturam perfeitamente a paleta cor de algodão-doce da capa de *Lover*, tornando fácil entender por que Taylor sentiria uma afinidade com a Vênus. Não apenas porque a deusa protege o amor — o *éthos* do álbum —, mas também porque, segundo o mito, Vênus veio a este mundo completamente formada. Ela não foi moldada ou gerada por ninguém, mas emergiu inteira a partir das ondas do mar. Considerando que a turnê era um retorno após sua discografia ter sido vendida, trata-se de uma afirmação poderosa a ser reiterada. Ninguém "fez" Taylor Swift — exceto ela mesma.

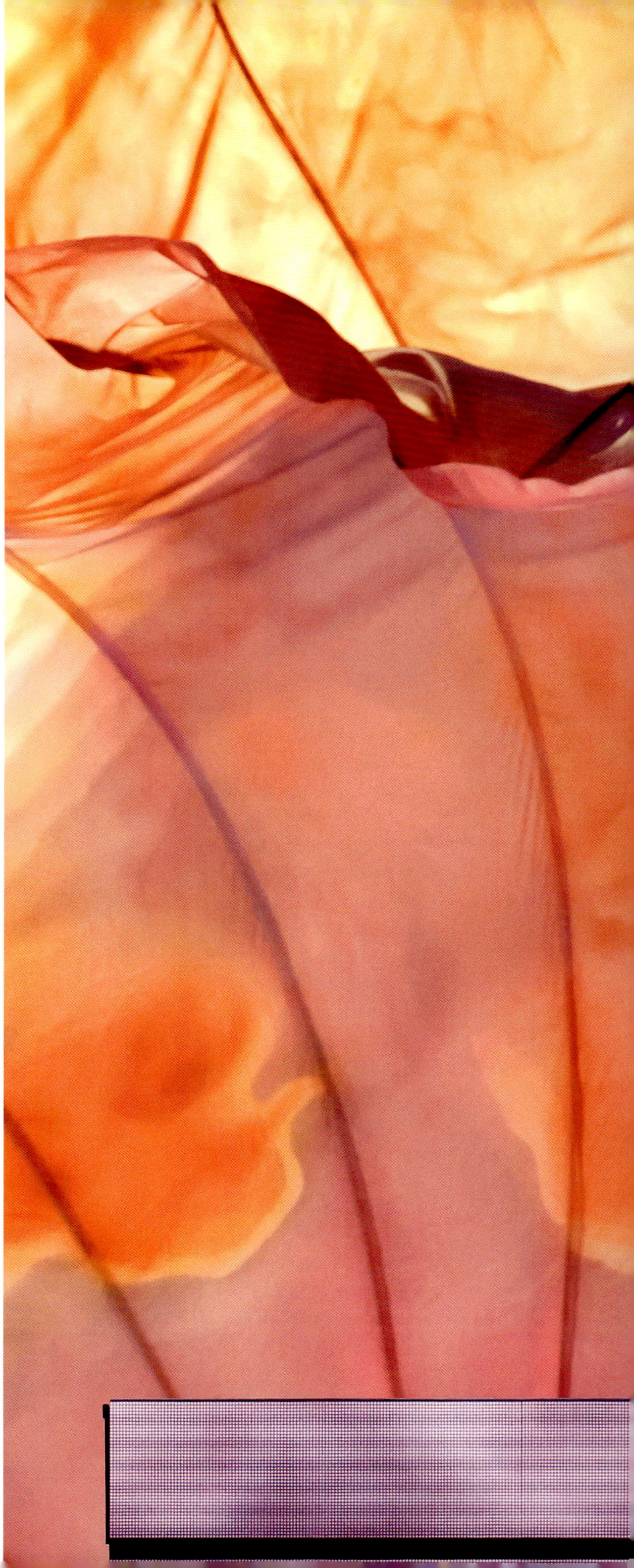

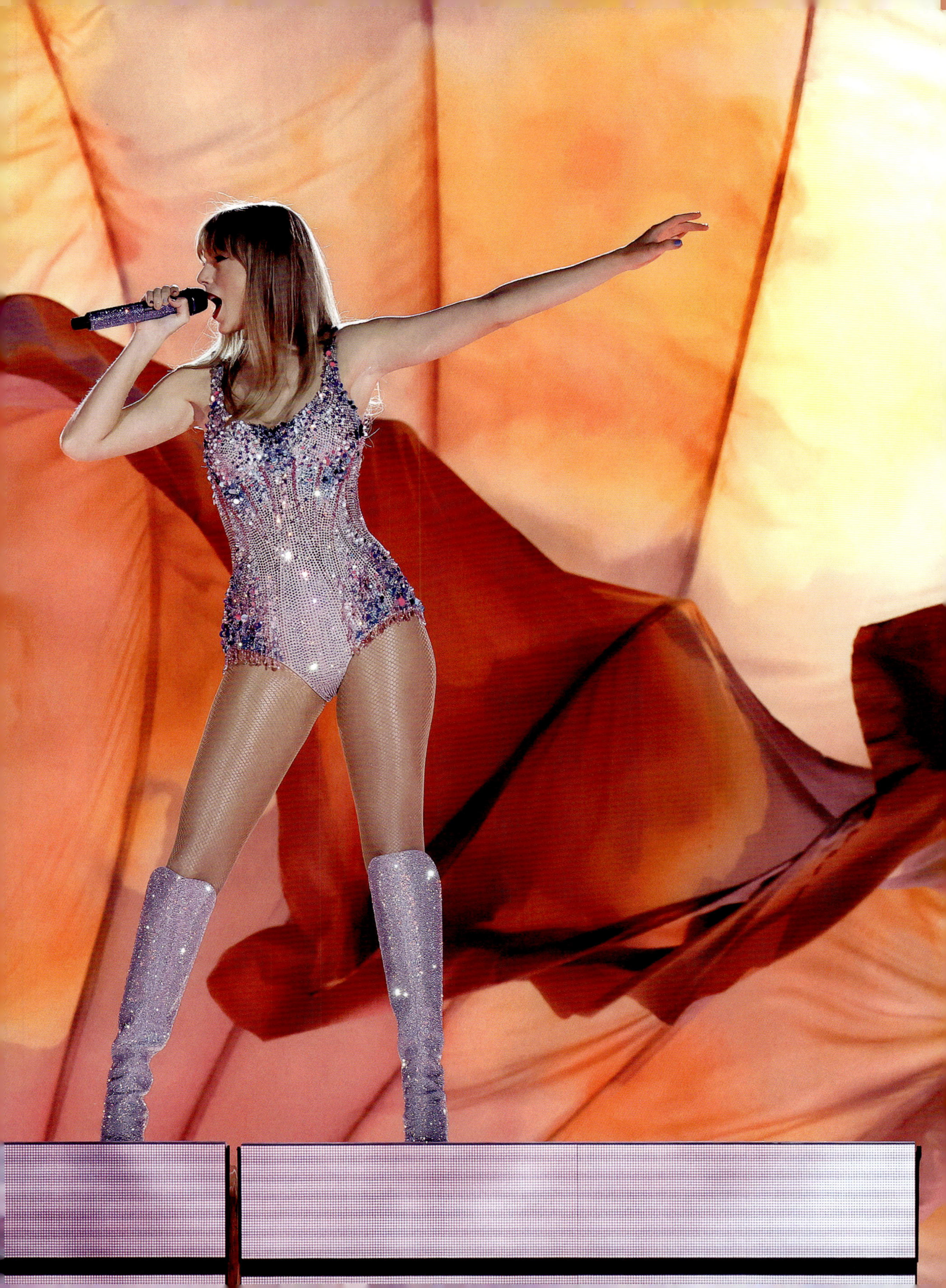

8

folklore e evermore

TRAZENDO A ESTÉTICA DO CAMPO PARA AS MASSAS

FOLKLORE — E SEU ÁLBUM IRMÃO SUBSEQUENTE, *EVERMORE* — REPRESENTOU MUITAS coisas inesperadas e sem precedentes para Taylor, uma tendência mundial no rescaldo da pandemia de COVID-19. Foi seu primeiro (e depois seu segundo) lançamento de álbum surpresa, dando aos fãs e a todo o mundo da música menos de 24 horas para se prepararem emocionalmente. Foi também o tempo de produção mais rápido (e depois o segundo mais rápido). Além disso, houve uma mudança de gênero musical significativa, deixando para trás a sequência de álbuns voltados ao pop que Taylor vinha lançando desde 2014. Embora sua transição para a música pop tenha se dado ao longo de muitos anos, aumentando a intensidade de forma gradual em múltiplos álbuns, ninguém imaginava uma transição para o indie folk. Muito menos dois álbuns inteiramente dedicados a esse gênero.

Os álbuns foram anunciados em 23 de julho e 10 de dezembro de 2020, respectivamente, em um bloco de três por três composto por nove imagens postadas no Instagram da Taylor, cada quadrado na série formando um mosaico para retratar a arte de capa. As imagens granuladas em escala de cinza da capa de *folklore* mostram Taylor sozinha usando um casaco xadrez longo no meio da floresta. *evermore* mantém o elemento floresta, porém desfocado no plano de fundo, enquanto os personagens principais são a trança francesa única e centralizada e o casaco xadrez alaranjado de Taylor. Para um fandom criado com ciclos de lançamento confiáveis e sempre encorajado a procurar por pistas escondidas, o choque de um álbum surpresa foi sentido duplamente, era algo totalmente inesperado. Taylor Swift, a planejadora cuidadosa e meticulosa, a marqueteira experiente? Lançando não apenas um, mas dois álbuns, sem cronograma habilmente orquestrado e sem um calendário de marketing com sessões de fotos e participações em programas de TV? Os dois álbuns surpresa, lançados sucessivamente em um intervalo tão curto e com tão pouco alarde, foram um golpe que a cultura pop não sabia de que precisava.

folklore e *evermore*, ambos forjados nas chamas da pandemia, alimentaram-se de nossa solidão compartilhada durante o período de isolamento obrigatório. Em uma época caracterizada pela desconexão, as músicas nesses álbuns foram como uma mão estendida que nos dava permissão para afundar no sentimento de estarmos desesperadamente distantes. No documentário *foklore: the long pond studio sessions*, Taylor disse: "Existe algo sobre a completa incerteza da vida que nos causa uma ansiedade sem fim. Mas existe um outro lado que nos libera das pressões que costumamos sentir... Todo mundo estava precisando chorar."

"Existe algo sobre a completa incerteza da vida que nos causa uma ansiedade sem fim."

Pela primeira vez desde *1989*, os álbuns se apresentavam exatamente como soavam. Embora o conceito *cottagecore* — termo para uma estética rústica que romantiza o bucólico, o arcaico e o rural — já tenha estado em voga por alguns anos (tendo se solidificado no Tumblr em 2018, de acordo com o site *Vox*), o lançamento de *folklore* e do subsequente *evermore* fez com que se tornasse o próprio espírito da época. As fotografias granuladas de ambos os álbuns, mostrando Taylor em uma área campestre com casacos xadrez oversized, vestidos de renda vitorianos e botas de couro pesadas, trouxeram o *cottagecore* para o mainstream.

Dando sequência à longeva parceria entre Taylor e Jack Antonoff, *folklore* e *evermore* também marcaram o início de sua parceria com Aaron Dessner, membro fundador da banda de indie rock The National. Durante anos, Taylor demonstrara seu amor pela banda, e a música de Aaron serviu como uma espinha dorsal sobre a qual os versos escapistas de Swift se acomodavam. Muito de *folklore* nasceu a partir de uma pasta com arquivos de áudio que Aaron enviou de uma vez para Taylor, que se debruçou sobre cada instrumental, respondendo por mensagem de voz à medida que as letras iam surgindo em sua mente. A letra quase definitiva de "cardigan" foi enviada para Aaron apenas cinco horas depois de Taylor ter recebido o arquivo de áudio. Ela revelou ao *New York Times* que compor com a base musical de Aaron é "imediata e intensamente visual". E completou: "Sempre fui muito curiosa sobre pessoas com sinestesia, que veem cores ou formas quando escutam música. O mais próximo disso que já pude experienciar é enxergar uma história completa ou uma cena passando na minha cabeça quando escuto um instrumental de Aaron Dessner."

O processo de trabalho remoto acrescentou certa fragmentação ao processo de produção de *folklore*. Aaron afirmou em entrevista à *Vulture* que o álbum era "definitivamente diferente" dos trabalhos anteriores de Taylor, e acrescentou: "Prefiro discos com um elemento de tinta ainda fresca. Quando a gente permite que um trabalho tenha esse aspecto um tanto humano e cru... Isso era importante para mim, e importante para ela, também." Os arranjos tipo "paisagem onírica", extremamente melancólicos, foram o contrapeso exato para o sopro de ar que impulsiona uma faixa produzida por Jack, mais voltada para o pop. Aaron descreveu a diferença entre as abordagens como "um arquipélago, e cada canção como uma ilha, mas tudo tem relação. Obviamente é Taylor quem faz o elo de tudo".

A liberdade criativa desses projetos deu a Swift a oportunidade para beber em fontes de inspiração que não necessariamente se baseassem em suas experiências pessoais. No documentário *folklore: the long pond studio sessions*, ela disse: "Este é o primeiro álbum em que abri mão da necessidade de que fosse cem por cento autobiográfico." Por muitos anos, o exame minucioso de suas composições em busca de dados sobre sua vida pessoal tinha eclipsado a celebração de seu ofício. Certa vez, Taylor desabafou à *Vogue*: "Gostaria de dizer para as pessoas: 'Vocês percebem que escrever músicas é uma arte e um ofício, e não, tipo, uma coisa fácil de fazer? Ou de fazer direito?' As pessoas têm agido como se eu usasse minha música como uma arma, como truque barato." Como os personagens e as situações presentes em *folklore* e *evermore* eram ficcionais, rumores e fofocas não roubaram a cena da genialidade lírica de Taylor. "Acho que o que mais gosto neste álbum é que ele tem permissão para existir por mérito próprio, sem ser só... uma coisa para [os fãs lerem] nos tabloides." Ela continuou a linha de raciocínio em entrevista para a Apple Music: "Houve um ponto em que eu, como compositora, escrevia apenas músicas muito pessoais e senti que isso seria insustentável a longo prazo. Eu me sentia sob uma lente de aumento muito potente... [Com *folklore*] vi um caminho para o meu futuro que foi uma verdadeira revelação."

De certa forma, Taylor havia encontrado uma maneira habilidosa de se esquivar e de evitar especulações. Mas, na realidade, toda a sua discografia está repleta de devaneios transformados em singles. "Fearless" certa vez foi descrita como uma música sobre "o melhor primeiro encontro que ainda não tive". No mesmo sentido, a Taylor de 18 anos expressou sua opinião: "Acho que às vezes, quando se está compondo, não escrevemos sobre o que está acontecendo no momento, mas sim sobre o que gostaríamos de viver." Se disfarçar as músicas desses álbuns como fábulas da floresta foi uma forma de explorar novas camadas de emoção com alguma segurança, protegida por uma miragem mítica, a estratégia funcionou muito bem.

Essa descoberta abriu caminho para o destaque narrativo de *folklore* — um triângulo amoroso adolescente escrito de três perspectivas: da namorada traída ("cardigan"), de uma amante involuntária ("august") e da pessoa que brincou com os sentimentos das duas ("betty"). *evermore* explorou os personagens ricamente desenvolvidos de dois justiceiros que encontram um no outro o espelho de si mesmos ("cowboy like me"); um pedido de casamento que dá errado ("champagne problems") e os erros de uma só noite cometidos com uma paixão antiga durante o feriado de Natal ("'tis the damn season"). Os dois álbuns também deram espaço ilimitado para que Taylor criasse uma lista de faixas sem ter que cumprir tópicos de uma lista. Ela afirmou ao Apple Music que *folklore* e *evermore* responderam à sua questão interior de "como seria o meu trabalho se eu eliminasse todo esse meu checklist interno baseado no medo?" Aaron corroborou essas declarações, dizendo à *Billboard*: "Taylor fez com que os colaboradores não se sentissem pressionados a oferecer um hit dançante e de grande apelo. Para fazer o disco que ela fez, correndo na direção contrária ao que é programado nas rádios nos mais altos escalões da música pop, foi preciso criar um disco antipop. Fazer com que esse disco fosse um dos lançamentos comerciais de maior sucesso do ano, se não o maior sucesso do ano, ponto, é o mesmo que jogar o manual no lixo."

> *"Acho que o que mais gosto nesse álbum é que ele tem permissão para existir por mérito próprio."*

Ela também teve a oportunidade de libertar sua criança interior estudante de literatura, um movimento que provavelmente levou mais de um ouvinte a resgatar o dicionário da gaveta. Em uma entrevista compartilhada com Paul McCartney para a *Rolling Stone*, Taylor explicou: "Eu queria usar palavras que sempre quis usar em composições. Palavras maiores, mais bonitas, mais floridas... Sempre pensei 'Bem, nunca vão tocar isso no rádio', mas enquanto estava fazendo esse disco, pensei... 'Nada mais faz sentido. Se o mundo está um caos, por que eu não posso simplesmente usar a porcaria da palavra que eu quero em uma música?'"

Essas canções, aparentemente ficcionais, foram intercaladas com as tradicionais faixas mais intimistas de Taylor, incluindo homenagens aos seus avós em "epiphany" e "marjorie"; a raiva misturada com tristeza pela perda de seus masters em "my tears ricochet" e "it's time to go" e preocupações dolorosamente vulneráveis sobre sua fama ser um fardo para as pessoas que ela ama em "peace" e "ivy". Mas os verdadeiros ganchos do álbum são as músicas que se disfarçam de mitos, mas que, no fundo, estão, sim, falando de sua vida real — talvez de forma até mais íntima. Músicas como "the last great american dynasty", de *folklore*, inspirada em Rebekah Harkness. Os primeiros dois terços da faixa falam sobre a vida de uma mulher da classe alta de Rhode Island, com quem Taylor sente um vínculo especial por ter comprado sua casa em Watch Hill, o que é revelado em um *plot twist* no terceiro verso bem country. No documentário *long pond*, Jack descreveu a canção como "um [típico] momento *folklore*... porque não é sobre você, mas é tudo sobre você." Para a *Vulture*, Aaron sugeriu que "seven" seria a síntese do álbum. "Essa faixa tem um dos versos mais importantes do disco... É sobre deixar um legado... imortalizar o amor, a infância, as lembranças. É uma maneira 'folclórica' de processar."

folklore e *evermore* foram lançados apenas um dia depois de Taylor divulgá-los ao público. Um single solitário e o respectivo videoclipe foram lançados concomitantemente com cada álbum — para *folklore*, "cardigan", e para *evermore*, "willow". Cada clipe fez um excelente trabalho em captar o *éthos* de seus álbuns. Passado em uma silenciosa cabana de madeira na floresta, o vídeo de "cardigan" retrata Taylor seguindo um fio dourado brilhante em seu piano para descobrir um mundo mágico repleto de musgos e cachoeiras. Mais adiante, ela se debate em um mar raivoso e cinzento até encontrar seu piano balançando em meio às ondas, então pega o fio dourado para retornar, encharcada, mas em segurança, à mesma cabana de madeira. Como uma continuação da história, o clipe de "willow" retoma o fio dourado de onde ela o deixou. Sob a sombra de um salgueiro (*willow tree*, em inglês), Taylor salta em um espelho d'água que, como a toca do coelho, a envia direto para uma gaiola fechada de vidro e, por fim, a uma cena de floresta invernal, onde o mesmo fio a leva de volta à cabana de madeira.

"Como seria o meu trabalho se eu eliminasse todo esse meu checklist interno baseado no medo?"

Se *folklore* foi o bote salva-vidas que ajudou Taylor a manter a sanidade no início da pandemia, *evermore* foi o submarino que a ajudou a mergulhar ainda mais nas profundezas criativas, permitindo maior experimentação em termos de produção, linguagem e mitologia. Em seu Instagram, após o anúncio de *evermore*, Taylor disse que o álbum "soa como se estivéssemos diante da 'floresta folclórica' e precisássemos fazer uma escolha: dar meia-volta ou adentrar ainda mais. Optamos por nos aprofundar".

Foi a primeira vez em que Taylor não procurou diferenciar os álbuns de modo significativo. Ela revelou ao Apple Music: "*evermore* foi a primeira vez em que não descartei tudo depois de fazer uma coisa nova. Na verdade, preciso lutar contra essa ansiedade na minha cabeça dizendo que mudar é necessário." O jornal *USA Today* chamou *evermore* de um "álbum irmão que solidifica a força de Swift como compositora".

Uma pandemia mundial não possui a determinação de uma mulher em isolamento social

Muito em *folklore* e *evermore* reverbera como pura expressão artística. No vazio que a pandemia criou na agenda de Taylor, sua criatividade floresceu. Em seu post no Instagram anunciando o lançamento de *folklore*, ela disse: "Antes de tudo que tem acontecido este ano, provavelmente eu teria pensado demais sobre o momento 'perfeito' de lançar esta música. Mas isso que estamos vivendo me lembra o tempo todo que nada é garantido. Meus instintos me dizem que se você faz algo que ama, você simplesmente deve mostrar isso para o mundo."

Em meio à quarentena, Taylor não podia encontrar pessoalmente com nenhum de seus colaboradores. O álbum em si foi gravado em silos por cada um de seus contribuidores. No documentário *long pond*, podemos ver Taylor instalando um *home studio* em seu quarto. Já Jack e Aaron, os produtores, e a engenheira de som Laura Sisk trabalhavam cada um de seus espaços próprios, e o álbum foi sendo montado aos poucos. Esse senso de individualismo também impactou nas escolhas de vestuário de Taylor. Sem querer expor sua competente equipe – composta pelo stylist Joseph Cassell, a maquiadora Lorrie Turk e a *hair stylist* Jemma Muradian – a qualquer risco, Taylor optou por tomar ela própria todas as decisões de estilo e beleza, pela primeira vez desde o início da adolescência.

A fotógrafa Beth Garrabrant, que morava no Texas, foi responsável por capturar as imagens de Taylor tanto para *folklore* quanto para *evermore*. Era a primeira sessão fotográfica de Beth para uma capa de disco, e fazê-la para Taylor Swift foi um passo e tanto em sua carreira. De modo geral, seu trabalho era mais focado no retrato da adolescente rural norte-americana, com muitos de seus temas jovens captados no tafetá cintilante para o baile de formatura, ou mirando o espelho com olhar melancólico. Outras imagens revelam adolescentes usando sombra de olho num tom berrante de azul (um rito de passagem de beleza nada lisonjeiro para se tentar ao menos uma vez) ou camisetas tie-dye, chegando com uma luva de beisebol nova ou tomando um drinque em um reservado de lanchonete com sofá de vinil. Mesmo tendo que mudar de abordagem para fotografar uma das maiores popstars do mundo no meio de uma floresta, o talento de Beth para retratar coisas estranhas e ao mesmo tempo familiares permaneceu afiadíssimo. Em entrevista à revista *i-D*, a fotógrafa afirmou que o processo criativo surgiu da própria Taylor: "Desde o começo Taylor tinha uma ideia clara do que desejava para o visual do álbum. Nos debruçamos sobre o surrealismo, as representações que brincam com a escala humana na natureza. Também atentamos para os processos fotográficos do autocromo, do ambrótipo e para os livros de história

Traduzir o visual de um álbum para o palco frequentemente envolve escolher o estilo mais grandioso, cativante e (quase sempre) brilhante possível. No caso de *evermore*, um álbum centrado em mergulhar nas profundezas mais imprevistas da criatividade, Taylor optou por um vestido tão pé no chão que quase parece que ela entrou do palco da The Eras Tour depois de uma caminhada pela floresta. Isso se alguém caminhasse pela floresta com botas de camurça Christian Louboutin feitas sob medida, é claro. Os babados e os emblemas decorados do vestido Etro, também sob medida, ficam em algum lugar entre o bávaro e o wicca. Mas a pergunta que realmente não quer calar: é laranja ou amarelo?

com imagens da década de 1940." Com fotos totalmente analógicas e na maior parte em preto e branco, o efeito é o de uma sobreposição de imagens, mais translúcido e quase fantasmagórico.

Por serem álbuns irmãos, a estética de *folklore* e *evermore* era intencionalmente familiar, embora evidentemente distinta. Vamos analisar ambos e perceber os contrastes. O gosto de Taylor por uma beleza mais natural, por casacos xadrez e por estar em contato com a natureza está presente nas duas obras, porém com pequenos ajustes. Em uma entrevista para a Apple Music, Taylor afirmou que, durante a pandemia, a natureza começou a ser um estranho símbolo de conforto para muitas pessoas. De forma lírica, os dois álbuns soam e transmitem a sensação de explorar as sombras das árvores. Fazia todo sentido estender essa sensação à indumentária. Com o isolamento social que nos foi imposto em escala mundial, Taylor foi inteligente ao se lançar de peito aberto na liberdade da natureza.

Casacos xadrez de causar inveja serviram como base para os looks característicos tanto para *folklore* quanto para *evermore*, ambos assinados por Stella McCartney. Grife à parte, os casacos eram ao mesmo tempo fashion e funcionais, uma maneira elegante de se agasalhar antes de adentrar as profundezas de uma floresta sombria. A estrutura de um casaco de lã grosso trouxe também uma interação harmoniosa com os vestidos de renda usados por baixo.

Durante as eras *folklore* e *evermore*, Taylor usou muitos vestidos de renda frágeis que pareciam antiguidades preservadas, uma vontade que sem dúvida ela queria realizar havia anos. Segundo sua amiga Cara Delevingne, que falou à *Vanity Fair* em 2015, Taylor tinha um armário inteiro cheio de "vestidos brancos de renda vitorianos" garimpados em brechós de Nashville, trajes que ela devia visitar como se fosse um evento de festa do pijama. Swift descreveu sua visão original para a capa de *folklore* como "uma mulher sonâmbula caminhando pela noite". Muitos desses vestidos de renda vitorianos fantasmagóricos tinham curadoria da marca texana Magnolia Pearl. Sua fundadora, Robin Brown, afirmou que "cada peça Magnolia Pearl conta uma história. Daquelas que você pensa que sabe de trás para a frente, mas descobre novos detalhes cada vez que reconta. Trechos de contos de fada se sobrepõem à imagética de Huckleberry Finn, mitologias se sobrepõem a lendas psicodélicas e, sob tudo isso, está você, a história mais gloriosa de todas." Soa familiar. Quando soube que Taylor usava várias de suas peças, Robin postou no Facebook: "Cantoras e compositoras mulheres são verdadeiras heroínas, são como botes salva-vidas. Precisamos de sua arte agora mais do que nunca. Todos nós estamos lutando para não afundar, e sou muito grata por [Taylor] ter se agarrado a seu piano em meio a esse dilúvio e nos presenteado com suas palavras."

Como era de se esperar, a maioria das entrevistas concedidas por Taylor nessa época foi virtual. Mas, em dezembro de 2020, ela foi nomeada Artista do Ano pelo *Entertainment Weekly*. O artigo foi publicado com um ensaio de fotos inédito, mais uma vez realizado por Beth Garrabrant em um cenário pastoral. Desta vez, no entanto, o guarda-roupa surgiu um pouco mais sofisticado. Peças de design Stella McCartney, incluindo um vestido de lamê dourado em camadas, eram o contraponto da natureza rural. E havia um cavalo, é claro. Durante a entrevista, Taylor disse, misteriosamente: "Tenho essa esquisitice de, para poder criar a próxima coisa, precisar atacar a anterior. Não amo fazer isso, mas é o que me mantém mudando para um outro mundo diferente a cada novo álbum. Só que com [*folklore*], eu ainda gosto desse mundo." A reportagem foi publicada, óbvio, 48 horas antes do lançamento de *evermore* — quando, mais uma vez, ela chocaria o mundo com um álbum surpresa.

Para provar que Taylor estava ciente do que todos nós precisávamos durante a pandemia, o item mais icônico dessa era foi um cardigã oversized. O tricô cor de creme com botões e detalhes contrastantes na frente e nos punhos também trazia estrelas bordadas nos cotovelos, uma referência a uma das letras mais lindas de sua música homônima, "cardigan". Confortável e ótimo para abraços, o cardigã era uma lembrança do conforto que buscávamos, ao mesmo tempo que reforçava a narrativa do single principal de *folklore*. "Eu... queria fazer um álbum que parecesse um abraço, ou que fosse como aquele suéter preferido. Um álbum que fosse como um... bom, tipo um cardigã usado. Ou alguma coisa que lembrasse a infância. Acho que a tristeza pode trazer algum conforto. Ela também pode ser traumática e estressante, é claro, mas eu estava tentando me debruçar sobre uma tristeza que... nos envolvesse de uma maneira que não fosse assustadora... Acho que ninguém estava se sentindo no seu melhor momento este ano, mas talvez o isolamento pudesse ser uma chance de escaparmos para dentro da nossa imaginação."

Este look, criado pela própria Taylor, tem todo o caos descombinado de uma garota se arrumando para o primeiro encontro, misturando qualquer roupa porque já está quinze minutos atrasada. Como uma blusa bordô de lantejoulas e gola alta, uma calça cáqui com zíper e sandálias pretas com correntes douradas (tudo Stella McCartney) terminaram na mesma composição? Individualmente, cada peça é única e tem seu charme. Juntas, elas me fazem agradecer por Taylor ter uma equipe de *styling*. Não podemos, é claro, deixar de admirar sua coragem.

GRAND OLE OPRY
ARTIST ENTRANCE
ACM
AWARDS
PROPER CREDENTIALS
& WRISTBANDS
REQUIRED BEYOND
THIS POINT
ACM
ARTIST
ENTRANCE

Taylor usou as roupas como um instrumento lírico e trabalho de marketing. Para complementar o lançamento de "cardigan", o item de mesmo nome usado no videoclipe começou a ser vendido no site oficial e esgotou quase instantaneamente. Reposições subsequentes e o acréscimo de novas cores também fez aumentar a demanda, e mais uma vez todo o estoque foi vendido. O fato de que celebridades que faziam parte do círculo íntimo de Taylor mostraram o famoso cardigã nas redes sociais contribuiu com o frenesi.

A necessidade do estilo "cabeça"

Durante o isolamento, a interação social traduziu-se em um monte de videoconferências. Como aprendemos logo no começo da pandemia, o maior truque para as chamadas de vídeo era colocar um jeans, uma calça qualquer ou mesmo um moletom na parte de baixo, enquanto a parte de cima transmitia a ilusão da composição perfeita com uma bela blusa. Como resultado de estar limitada à visão de uma câmera frontal, e na ausência dos momentos de tapete vermelho e das fotos espontâneas dos paparazzi para apoiar a narrativa visual, os estilos de *folklore* e *evermore* foram definidos principalmente de acordo com o cabelo de Taylor.

Usar estilos de corte e penteado específicos a cada era não era algo novo para a cantora. Já tínhamos visto os cachos (*Fearless*), a franja (*Red*) e o *bob cut* (*1989*) como recurso visual para denotar uma nova era criativa (sem mencionar o momentinho relâmpago do Bleachella em *reputation*). Mas havia algo tão singularmente "desarrumado" no cabelo de Taylor nesse período que parecia acessível e fácil de fazer até mesmo para quem estava começando a se interessar pelo mundo da beleza.

Na temática do ensaio de fotos de *folklore*, Taylor usou o cabelo em dois coques baixos e simétricos nas laterais da cabeça. Era uma variação do que é conhecido como *space buns*, o icônico penteado da Princesa Leia de *Star Wars*. É um tanto irônico e intrigante o fato de que Taylor, ao elaborar um mundo próprio fantástico e ficcional em um gênero inexplorado, tenha buscado inspiração em uma série famosa por explorar mundos em galáxias desconhecidas.

Para diferenciar *evermore* logo de cara, Taylor optou por usar na capa uma única trança francesa pendendo do centro da cabeça. A escolha transmite força e soa como uma homenagem a Katniss Everdeen, protagonista da série *Jogos Vorazes*, outra mulher de fortes convicções que com frequência encontrava-se vagando pelo deserto. Sabemos pelas duas contribuições de Taylor para a trilha sonora da franquia cinematográfica em 2012 ("Safe & Sound" e "Eyes Open") que se trata de um papel mental em que ela já esteve antes. Mas o que pareceu mais significativo sobre *folklore* e *evermore* é que eles foram os primeiros álbuns de Swift sem qualquer texto na primeira capa. Optando por não gravar seu nome nem o título na capa dos álbuns, Taylor pareceu depositar toda a sua confiança na força da imagem e da moda para conduzir as pessoas a seu mundo místico, e na qualidade das canções, que fariam com que lá permanecessem.

No auge da pandemia, ostentar riqueza e glamour não ressoaria da melhor maneira com a maioria das pessoas. Para combinar com os novos penteados, a maquiagem de Taylor era igualmente discreta, aplicada de forma não concentrada. As bochechas suavemente coradas e uma leve camada de rímel criavam um momento de beleza muito natural, de intervenção quase imperceptível, sem o característico batom vermelho ou o delineador gatinho. Taylor descreveu o momento para *Entertainment Weekly*: "A sessão de fotos consistiu em eu e [Beth] caminhando por um campo. Eu fiz meu cabelo e minha maquiagem e levei alguns vestidos de renda. Eu costumava ter essas experiências com cem pessoas no estúdio, comandando ao lado de outras pessoas como se fosse uma comitiva, e de repente éramos apenas eu e a fotógrafa ali... É engraçado ver o que podemos fazer quando somos só nós mesmos fazendo."

Existe um linguajar na cultura da beleza que tenta minimizar o esforço e encorajar as mulheres a esconder o próprio trabalho. "Maquiagem natural." "Beleza natural do dia a dia." "Sem esforço." "Simples." "Fácil." Pela primeira vez, "beleza sem esforço" não estava sendo usado como termo genérico para fazer a mera tentativa parecer assustadora. Foi muito empoderador ver a beleza natural sendo verdadeiramente natural, poder aparecer com o cabelo meio desgrenhado. Taylor, mais uma vez, estava sutilmente sacando a carta da identificação. Em uma época em que o hidratante labial e o álcool em gel para as mãos eram o máximo do autocuidado em um dia bom, vê-la ostentando a mesma cara limpa, os cachos bagunçados e as tranças desfeitas que todos tínhamos era reconfortante.

MOST POPULAR INTERNATIONAL ARTIST
TAYLOR SWIFT
EVERMORE

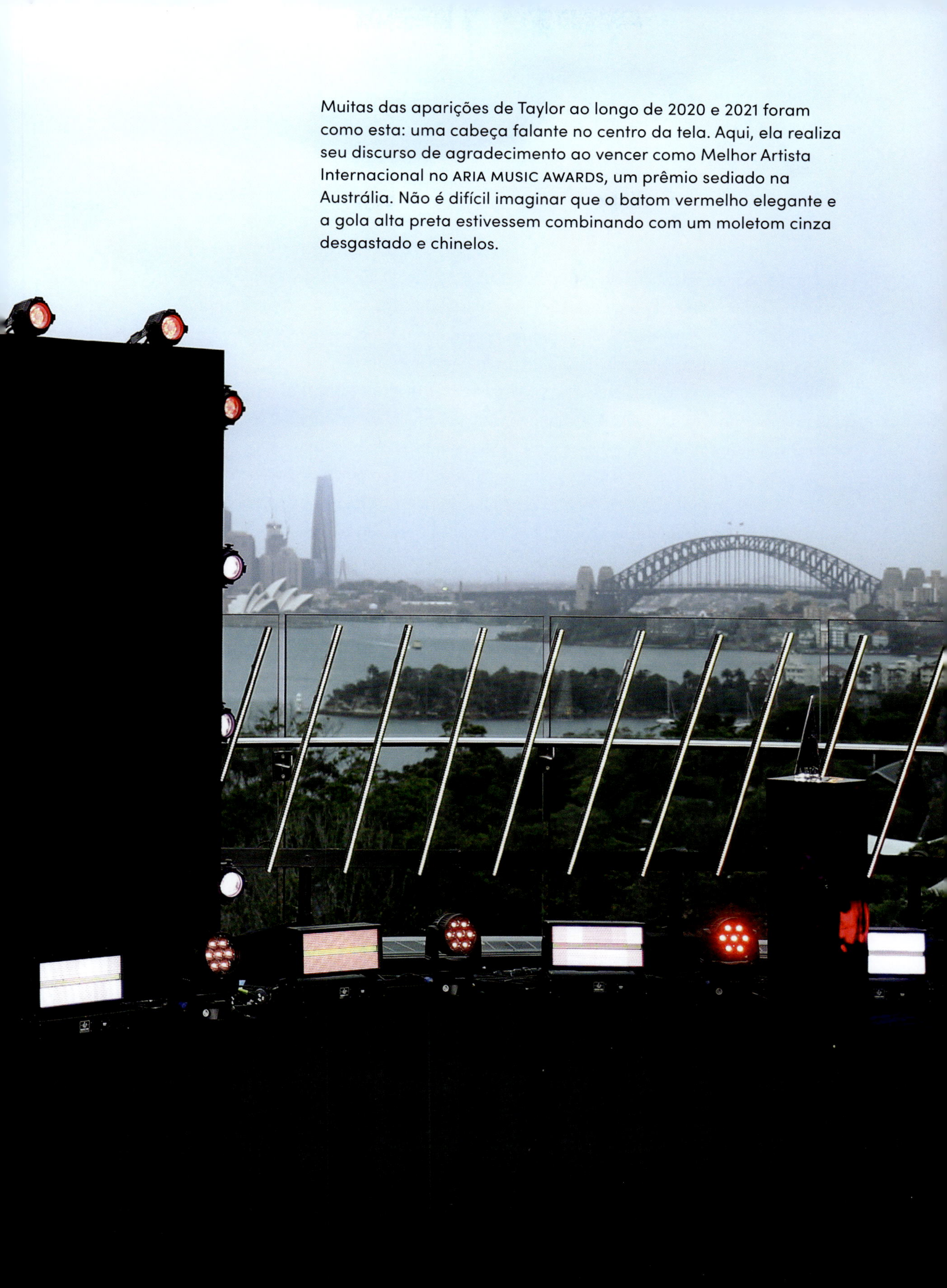

Muitas das aparições de Taylor ao longo de 2020 e 2021 foram como esta: uma cabeça falante no centro da tela. Aqui, ela realiza seu discurso de agradecimento ao vencer como Melhor Artista Internacional no ARIA MUSIC AWARDS, um prêmio sediado na Austrália. Não é difícil imaginar que o batom vermelho elegante e a gola alta preta estivessem combinando com um moletom cinza desgastado e chinelos.

Não estou chorando. É que caiu um Grammy de *folklore* no meu olho.

Muitas publicações de música incluíram *folklore* em suas listas de melhores álbuns do ano, elogiando-o como "o álbum definitivo da quarentena" (*Rolling Stone*); "um respiro em meio à pandemia mundial" (*The Guardian*) e "a perfeita companhia para o estranho sentimento de solidão que permeou 2020" (*NME*). O mundo havia realmente abraçado a obra de Taylor como uma terapia musical durante um período de grande dificuldade. Mas, mesmo assim, fiquei muito nervosa na noite em que *folklore* foi indicado para a cobiçada categoria de Álbum do Ano no Grammy de 2021.

Tendo vencido a mesma categoria por *Fearless* em 2010 e por *1989* em 2016, seria querer demais imaginar uma trinca com o mesmo prêmio. Mas, se tem uma coisa que Taylor Swift sempre vai fazer, é ficar à altura e desafiar as probabilidades.

A vitória histórica de Taylor na categoria Álbum do Ano por *folklore* fez dela a primeira artista mulher a vencer três vezes nesta categoria do Grammy. E atestando a dimensão de sua carreira que atravessa gêneros, cada álbum vencedor pertence a um: respectivamente, country, pop e alternativo.

Quando recebeu o prêmio durante uma cerimônia reduzida — de acordo com os protocolos da pandemia para aglomerações —, Taylor disse: "Quero agradecer aos fãs. Vocês nos encontraram nesse mundo imaginário que criamos, e nem consigo dizer quão honrados estamos por isso."

Até então, a única vez que Taylor foi de vestido curto para o Grammy foi com este lindo Oscar de la Renta floral. A aplicação das flores em 3D lembrando a Ofélia hamletiana de John Everett Millais transmite a sensação de que ela está afundando em um jardim e cria uma unidade com a natureza. Meus detalhes preferidos são as mangas sino delicadas. O cabelo, elaborado com bom gosto por sua *hair stylist* Jemma Muradian, foi torcido e preso em dois coques baixo estilo *space buns*, uma reminiscência do estilo que a própria Taylor executara para a sessão de fotos da capa de *folklore*. A cereja do bolo, no entanto, são os saltos Christian Louboutin. Sem nunca desperdiçar a chance de usar acessórios, na ocasião Taylor usou uma máscara Oscar de la Renta também floral como parte dos protocolos de segurança contra a COVID-19.

Acompanhada por Jack Antonoff e Aaron Dessner, os produtores de *folklore* e *evermore*, Taylor apresentou um medley com canções dos dois álbuns no Grammy de 2021. Seu vestido Etro de coupé chiffon feito sob medida foi ornamentado com estampa caxemira para criar um efeito etéreo. Foi a escolha perfeita para o cenário imersivo que deu vida à cabana imaginária de Taylor, de madeira com telhado coberto de musgo no meio da floresta. Brilhando sob as luzes do palco e com o movimento das camadas, ele compôs tudo que um bom look *cottagecore* precisa ter. O toque final foi um colar Cathy Waterman dourado transformado em enfeite de cabeça, algo que possivelmente uma Taylor adolescente corajosa e fã de faixas de cabelo teria escolhido.

Das profundezas da floresta literária criada por esses álbuns, ficou difícil enxergar qual caminho Taylor tomaria a seguir. Sua antiga abordagem "reloginho" para lançamentos de álbuns tinha ido completamente pelo ralo com as duas incursões surpresas. Rumores de um terceiro álbum irmão, *woodvale*, foram desfeitos pela própria Taylor. Quem havia comprado ingressos para a natimorta turnê *Lover Fest* entrou em um purgatório financeiro ao passo que os efeitos da pandemia se prolongaram e o prognóstico do cancelamento parecia inevitável. Após a saída amarga da Big Machine Records, o anúncio da medida audaciosa de regravar seus primeiros seis álbuns (criando duplicatas que, com sucesso, desvalorizariam suas contrapartidas roubadas e resgatariam os direitos sobre sua própria obra) parecia um trabalho muito intenso para um cronograma de lançamento desconhecido.

Do típico jeito Taylor, seu próximo passo foi criar um caminho inesperado e fazer girar uma nova engrenagem de produtividade.

O cenário da cabana de madeira da performance no Grammy 2021 foi revivido no palco da The Eras Tour. Para o cenário de *folklore*, uma mudança de ritmo no excesso de glitter pareceu necessária. Atenuado ao máximo para se aproximar da energia *cottagecore*, este Alberta Ferreti personalizado branco tem a exata quantidade da vibe "deusa da lua" enquanto Taylor flutua lindamente no palco graças às mangas esvoaçantes.

9

Midnights

O ALVORECER DE UMA LENDA

A MAGIA DE *MIDNIGHTS* ESTÁ EM SUA PERSPECTIVA: AQUELA DE UMA SUPERSTAR DE 32 anos reavaliando os momentos mais marcantes de sua vida. Quando o álbum foi lançado, em outubro de 2022, Taylor já havia escrito e reescrito sua arte nas páginas da história da música. Não havia nada mais a provar perante a indústria musical, mas ainda assim, evidentemente, muito a repensar sobre a própria vida. Taylor regressou a momentos sensíveis — e até mesmo traumáticos — que haviam sido perscrutados ao longo de seus nove álbuns anteriores e buscou reavaliá-los, o que só foi possível com alguma maturidade e distanciamento. No auge de uma carreira estabelecida na autorreflexão, ela provou que realmente não existem limites para o quanto podemos continuar aprendendo e reaprendendo sobre nós mesmos.

No anúncio do lançamento álbum postado em seu Instagram, Taylor descreveu *Midnights* como "uma coleção de músicas escritas no meio da noite", que representava "as histórias de 13 noites em claro que passei ao longo da vida". Trata-se de um álbum conceitual cativante, sombrio e reflexivo. Em grande parte graças ao fato de ela ter trabalhado exclusivamente com Jack Antonoff, seu parceiro de longa data, na gravação das bases de todas as músicas, *Midnights* é considerado seu álbum mais consistente e coeso já produzido. Aaron Dessner, que participou de *folklore* e *evermore*, mais uma vez fez o papel de contrapeso aos sintetizadores vertiginosos de Jack com a produção esparsa de três músicas nas versões deluxe do álbum. Sob cuidados já conhecidos e com a mente mais lúcida do que nunca, Taylor descreveu a alegria de iniciar a produção de um álbum tão nostálgico.

Para Jimmy Fallon em seu *The Tonight Show*, ela disse: "Este é um álbum bastante sombrio, mas eu me diverti mais no processo de produção dele do que no de qualquer outro. Não acho que arte e sofrimento precisem estar de mãos dadas o tempo todo. Acho que é possível escrever músicas sobre... coisas difíceis que enfrentamos na vida, mas, com o passar do tempo, e quanto mais discos eu lanço, produzir um álbum parece... uma maneira de sugar o veneno da picada da cobra." Após ter recrutado um novo contingente de fãs para sua música com *folklore* e *evermore*, dois trabalhos com pinceladas mais ficcionais, com *Midnights* Taylor retorna à forma autobiográfica e reapresenta a si mesma para aqueles que não estão familiarizados (ou ao menos não tão intimamente) com sua história.

Midnights é um fluxo não censurado de ansiedades noturnas, dando a Taylor espaço para explorar suas nuances emocionais e contradições. O single principal, "Anti-Hero", revela as inseguranças de toda uma vida. Possivelmente pinta o autorretrato mais honesto de uma mulher complexa, feita de camadas, multifacetada e falha. Enquanto em músicas como "Blank Space" Taylor exibiu uma zombaria autodepreciativa para se livrar das críticas quanto à sua vida amorosa e sua persona pública, em "Anti-Hero" ela se junta ao esquadrão atirador, provando que ela é a primeira crítica, e a pior de todas. Depois de anos suportando a especulação midiática que questionava se ela própria seria o problema em seu histórico de relacionamentos falidos, foi ainda mais doloroso ouvi-la admitir ter pensado isso de si mesma muito antes que o tema se tornasse piada.

O single promocional, "Bejeweled", é o extremo oposto de "Anti-Hero". Trata-se de uma música "me-arrumando-para-sair" que atinge qualquer idade, e deve ser ouvida exclusivamente enquanto se aplica o batom no espelho do hall do prédio, prestes a ir para várias baladas usando a roupa mais chamativa e brilhante possível. É uma música empolgante, de uma mulher afirmando o seu valor (e sua sensualidade) diante de um relacionamento que já passou do prazo de validade. Quando o romance se transforma em ambivalência, "Bejeweled" é o beijo de despedida da garota incrível que chuta o ex porta afora com um salto cravejado de brilhantes — só para abrir espaço para a fila de pretendentes esperando atrás dele. O videoclipe da música transforma a fábula de Cinderela em algo extravagante. Quem melhor para atuar como porta-voz dessas funções que assumimos (ou que abandonamos) à meia-noite do que essa emblemática personagem? Mas, como já se foi o tempo do vestido de corselete de "Love Story", em "Bejeweled" o corpete ressurge mais malicioso como um bustiê deslumbrante, com a ajudinha de uma fada madrinha: a icônica artista performática burlesca Dita Von Teese.

"Nos últimos seis ou sete anos, eu só continuei realizando coisas, constantemente. E quanto mais coisas eu realizo, mais feliz eu fico."

O segundo single, "Lavender Haze", que também é a faixa de abertura do álbum, solta fumaça e vira algumas doses. A música exala um orgulho satisfeito pela maneira vitoriosa com que ela e seu parceiro de longa data conseguiram cultivar uma vida particular distante dos holofotes sem abrir mão de expressar o descontentamento com o escrutínio público e o foco intenso no status conjugal de Taylor, que, com razão, se irritava por escapar do título de "namoradeira em série" apenas para ser encaixada em outro. Mais dualidades no álbum exploram crenças simultâneas no destino cósmico ("Karma") e na força de vontade meticulosamente planejada ("Mastermind"); a feliz incredulidade de encontrar um amor como um dom extraordinário da natureza ("Snow on the Beach") mas também de se sentir cautelosa e desconfiar deste amor com base nos colapsos que já enfrentou ("Labyrinth"). Taylor reconhece dualidades inclusive em sua persona, assumindo o papel de uma rebelde indomável ("Vigilante Shit") ao mesmo tempo que admite ser uma pessoa caseira e pacífica ("Sweet Nothing"). Isso sugere uma conexão com detalhes do seu trabalho de 2012, quando ela descobriu a gama emocional de se sentir feliz, livre, confusa e solitária, tudo ao mesmo tempo. Mas aquilo que, aos 22 anos, pode ter sido interpretado como o caos e a incerteza transitória do começo da vida adulta adquire mais nuances e peso após uma década. A única certeza que permanece é que nada nessa vida é para sempre, e em *Midnights* Taylor assume por completo os pensamentos conflitantes que dançam em sua cabeça quando a noite cai, articulando-os nas letras mais vulneráveis e expostas de toda sua carreira.

Aquela *showgirl* dos anos 1970

Taylor não é o que se costuma chamar de caçadora de tendências, tampouco busca ativamente ser uma criadora delas. Como muitas coisas relacionadas à sua pessoa, seu hábito de desconsiderar modismos significa que ela confia no dedilhado em seu próprio violão. Mas para um álbum elaborado sobre a temática da passagem do tempo, a respectiva estética combinou perfeitamente com a natureza cíclica da moda, o que popularizou o retorno do estilo da década de 1970. Calças boca de sino, padronagem caxemira, veludo cotelê, crochê e franjas retornaram com força total nas passarelas e no estilo urbano das celebridades. Pela primeira vez, Taylor aderiu à tendência, e podia ser frequentemente vista em looks confortáveis, como um tricô cropped Mother Denim listrado, uma calça wide leg Urban Outfitters de veludo cotelê marrom no clipe de "Lavender Haze" e uma blusa Chloé listrada com babados no encarte de *Midnights*. O corte *full fringe* — que ela adotou pela primeira vez em 2012 — pareceu mais bagunçado. Aquele cabelo de quem acabou de se levantar da cama, só que melhor. Taylor fazia seus fãs olharem com interesse para a moda dos anos 1970, com uma série de vídeos *kitsch* no estilo game show postados em suas redes sociais intitulada "Midnights Mayhem with Me" [O caos da meia-noite comigo]. Com uma música de elevador cafona e o auxílio de apenas uma gaiola de bingo vintage, Taylor revelou em (suposta) ordem aleatória os títulos das canções de *Midnights* vestindo um colete de tricô Re/Done xadrez, saia de veludo cotelê Acne Studios e uma seleção de camisetas estampadas autêntica e corretamente atreladas ao período. Uma delas poderia ter tido uma estampa de gatos.

(PÁGINA AO LADO) Captando o fascínio, o contraste e o glamour da era *Midnights*, Taylor surgiu no Grammy 2023 neste conjunto de duas peças azul-marinho com design de Fausto Puglisi para Roberto Cavalli. Trata-se de um look que, felizmente, lembra algum ser celeste flutuante e não uma patinadora artística. O tecido cady de seda cortado à mão com cristais Swarovski prateados cria esse efeito céu estrelado, uma bela e clara referência aos temas noturnais do álbum. Os fascinantes detalhes sensuais são a pitada de *Midnights*: o olho extremamente esfumado, o batom vermelho, a barriga à mostra, os brincos oversized Lorraine Schwartz em formato de aldrava (avaliados em impressionantes três milhões de dólares). A combinação, além de ser um misto de extravagância sexy e elegância indiferente, também é um *easter egg*: mais tarde, Roberto Cavalli colaborou com o figurino da The Eras Tour, incluindo mais conjuntinhos cheios de brilho.

Procurar por peças vintage e combiná-las com uma franja cobrindo a testa inteira não era novidade para Taylor (como pudemos ver nos estilos modernos e nas roupas elegantes da era *Red* em 2012). Porém, a maneira como ela executou essa fórmula confiável pareceu diferente em *Midnights*, talvez principalmente porque a própria Taylor estava diferente. Havia um clima de tranquilidade e, ouso dizer, até certa arrogância. Uma confiança pacífica em vez da seriedade ansiosa de agradar e provar alguma coisa. O cabelo estava menos alisado e uma sombra esfumada substituiu o delineador gatinho desenhado com precisão. Suas imagens pintavam o retrato de uma mulher numa fase intensa da carreira — uma fase que ela mesma nem sequer esperava. Taylor admitiu para Jimmy Fallon, no *The Tonight Show*, em tom de brincadeira: "Estou realmente impressionada com o quanto os fãs amaram esse álbum. E também estou me sentindo muito suave e frágil. As duas coisas podem existir ao mesmo tempo... Tenho 32 anos, somos consideradas estrelas do pop geriátricas. Eles começam a tentar nos mandar pastar aos 25."

(PÁGINA AO LADO) Depois de Carole King ter apresentado Taylor no prêmio de Artista da Década em 2019 no American Music Awards, Taylor retribuiu o favor em 2021 quando introduziu Carole no Rock and Roll Hall of Fame. Para sua apresentação, Swift usou dois macacões em camadas, um Greta Constantine dourado e um de renda preta Sarah Regensburger. A meu ver, uma versão própria e brilhante da vida "couro e renda"[11] de uma estrela do rock. Compondo com o cabelo que parecia maior e mais ondulado do que havíamos visto em anos, o look pareceu uma homenagem tanto a Carole quanto à adolescente confusa que Taylor fora. Ambas compartilham o começo da carreira como compositoras contratadas antes de encontrarem sua grande chance, Carole em Nova York, Taylor em Nashville. Como evidência dos trilhos gêmeos de suas carreiras no trem só de ida para a fama mundial, cada uma se conectou com seu grupo demográfico da mesma forma, com uma geração de diferença. Taylor descreveu o álbum de Carole *Tapestry* como "ouvir uma amiga próxima compartilhando na intimidade as verdades da vida dela para que você também possa descobrir as suas". Conheço o sentimento. Carole, do mesmo jeito, disse sobre Taylor: "As letras de Taylor ressoam através de gerações, suas canções tocam a todos, e seu impacto no mundo inteiro é extraordinário. A última década foi incrível... e o melhor ainda está por vir." Mais do que passar a tocha, era como se essas duas grandes artistas a compartilhassem — dois corpos celestes da composição aquecendo-se no calor e na luz que as respectivas obras legaram ao mundo. Vestígios da mente idealizadora de Taylor marcaram presença quando ela observou: "A pureza da música criada por Carole existe entre dois mundos: a inspiração misteriosa e mágica e décadas de habilidade arduamente conquistada e aprendida. Não é porque Carole King faz parecer que foi fácil conseguir o que ela conquistou que realmente tenha sido."

[11] Possivelmente uma referência à música "Leather and Lace", da cantora de rock Stevie Nicks. (N.T.)

Midnights praticou tiro ao alvo com álbuns anteriores que possam ter estado em seu caminho, deixando apenas destroços em sua trajetória resplandecente. Quebrou o recorde da própria Taylor por um milhão de cópias de *reputation* vendidas na primeira semana em 2017 (1,6 milhão); quebrou o recorde do Spotify para a reprodução de um álbum em um único dia (186 milhões); tornou-se o vinil mais vendido do ano (575 mil cópias); "Anti-Hero" levou Taylor ao seu nono e mais longevo single em primeiro lugar (posição antes ocupada por "Blank Space", que ficou oito semanas no topo das listas), e a viu se tornar a primeira artista a ocupar todo o top 10 da *Billboard* Hot 100 simultaneamente. Quando Taylor lançou seu primeiro álbum pop de fato em 2014, o *New York Times* prenunciou o seguinte: "Taylor está florescendo nesta nova fase. E, mais importante, ela está mais ou menos sozinha nisso, sem fazer parte de nenhum movimento pop da moda. Ela se manteve isolada e, implicitamente, por cima... mirando algum lugar ainda mais alto, uma atemporalidade que poucas estrelas verdadeiras do pop nem sequer se preocupam em almejar." Estas palavras foram escritas no ponto médio de sua atual discografia, e é surpreendente perceber como permaneceram precisas no que se refere a tudo que Taylor ainda alcançaria.

Em sua resenha de *Midnights*, a revista *Slate* observou que a performance do álbum era "incrível para alguém em seu décimo sétimo ano de carreira na música" e posicionou Taylor firmemente dentro de outra estratosfera da nobreza musical. "Esqueçam os Beatles, que mal duraram uma década juntos. Para encontrar paralelos, você precisa apontar para artistas como Barbra Streisand, Michael Jackson, Stevie Wonder ou Diana Ross, todos que começaram jovens como Taylor e ainda estavam alcançando recordes pessoais nas listas durante a segunda década da carreira. Todos esses artistas — inclusive Taylor, eu diria — foram gênios, e no equilíbrio entre arte e mercado que possibilita lançar um hit atrás do outro sua capacidade de interpretar a cultura de cada época e se adaptar artisticamente foi essencial para que resistissem." É de se admirar que Taylor, em termos estéticos, raramente tenha refletido seus contemporâneos? Quando seus pares na arte formam uma tropa lendária, a única fonte de inspiração a que recorrer é você mesmo.

Se o coração de *Midnights* é um quarto de hotel dos anos 1970 — o ar pesado cheirando a patchouli e fumaça, vinis arranhados metade para fora da capa sobre uma mesa de mogno, o crepitar sutil de uma vela com pavio de madeira —, então a face de *Midnights* é o de uma glamorosa *showgirl*: espartilhos cravejados com diamantes, ligas presas a meias de seda, delineador passado com precisão, um batom vermelho cativante nos lábios, a batida sensual do salto stiletto no piso. Este foi o primeiro vislumbre do estilo da era *Midnights*. Valer-se do encanto de uma pinup glamorosa foi uma jogada inteligente para um álbum que explora emoções conflitantes — sombrias e iluminadas —, destacando uma estética definida que no exterior poderia ser resumida a um belo penteado, mas, por dentro, resguardava uma camada mais sórdida.

Taylor apresentou essa face quando apareceu no VMA de 2022. Dos cinco prêmios para os quais foi indicada, ganhou três. O maior da noite foi o de Clipe do Ano pelo curta de "All Too Well". Antes de a apresentadora Nicki Minaj ao menos poder abrir o envelope e declarar o vencedor da categoria, a multidão já estava entoando "Taylor" sem parar. Os gritos da plateia enquanto os indicados eram chamados provavelmente teriam feito algum espectador se questionar se tinham aumentado o volume da transmissão por acidente. O frenesi explodiu assim que Taylor foi de fato anunciada a vencedora e caminhou em direção ao palco usando um minivestido brilhante Oscar de la Renta adornado com joias. Com um sorriso afetado de satisfação em seus característicos lábios pintados de vermelho e um brilho tímido nos olhos, ela usou o discurso para agradecer aos fãs pelo apoio na regravação do projeto, a razão pela qual o clipe vencedor existe.

Embora estivesse segurando o cobiçado troféu do astronauta, o que Taylor realmente tinha na palma das mãos era a audiência; você podia sentir pela tensão e pelo fôlego suspenso na sala que alguma coisa estava para acontecer. Taylor encerrou seu discurso com um anúncio revelador: "Eu tinha decidido que se vocês fossem generosos a ponto de nos dar isso" — os espectadores da TV a cabo mais uma vez devem ter checado o volume em meio a uma nova onda de gritos —, "pensei que pudesse ser um momento divertido de dizer que meu próximo álbum será lançado em 21 de outubro. Mais informações à meia-noite." Swifties enganados uma, depois duas vezes, com o lançamento surpresa de um álbum: que vergonha de vocês. Swifties enganados três vezes com outro lançamento surpresa: que vergonha da gente. Seja como for, estávamos todos estatelados no chão.

"Esqueçam os Beatles, que mal duraram uma década juntos. Para encontrar paralelos, você precisa apontar para artistas como Barbra Streisand, Michael Jackson, Stevie Wonder ou Diana Ross."

— Slate

(À ESQUERDA) A princesa Diana teria chamado esse look de "vestido da vingança", mas eu gosto de ir além e me referir a ele como o melhor traje "dane-se o dinheiro" de Taylor. Palavrões à parte, a expressão, citada originalmente pelo personagem de John Goodman no filme *O apostador*, refere-se a ter dinheiro suficiente para viver a vida em seus próprios termos. Em 2015, a disputa judicial de Taylor contra um DJ de rádio que a assediara sexualmente ganhou notoriedade. Ele havia sido o autor inicial do processo, alegando que Taylor causara a sua demissão e arruinara sua reputação após o referido assédio. Depois de o caso ter sido deferido em favor de Taylor (que entrou na disputa pedindo a quantia simbólica de um dólar), no clipe do single "Look What You Made Me Do" uma nota de um dólar surge enquanto Taylor se reclinava em uma banheira cheia de diamantes até a boca. É usando este vestido Oscar de la Renta no VMA de 2022 que Taylor enfim parece ter emergido de forma completa, com os diamantes dispostos artisticamente em seu corpo e cobrindo-a de excessos. Seria uma surpresa que este momento tenha surgido 13 anos depois de Taylor ter vencido na categoria Clipe do Ano usando um vestido similar (embora menos revelador), naquela fatídica noite em que certo alguém roubou a cena para afirmar que ela não merecia o troféu? A composição de 2022 representa um fechamento de ciclo que também conecta perfeitamente a história de dois homens furiosos e determinados a derrubá-la. Ver Taylor erguer-se no papel de um diamante vencedor — uma mulher confiante, orgulhosa e confortável em ser quem é — é a última joia da coroa.

(À DIREITA) Quando o relógio marca meia-noite, a dona de casa dos anos 1950 se transforma na showgirl dos anos 1970. A experimentação inicial de Taylor com o estilo vintage foi uma maneira de acelerar sua percepção como mulher, debruçando-se fortemente sobre silhuetas formais e modestas que exalavam maturidade. Aqui, a estética da pinup, aplicada ao contexto de um álbum que contrapõe pensamentos ansiosos e prazeres secretos, é o instrumento perfeito. Os apliques de estrelas e o tecido azul-marinho deste macaquinho Moschino sob medida conversam diretamente com o tom melancólico de *Midnights*. Já a glamorosa estola de pele sintética prenuncia as futuras roupas que ela usaria em videoclipes e em turnês.

Swift, mesa para um?

O guarda-roupa da The Eras Tour demonstrou não apenas que Taylor é uma artista completamente ciente do legado visual criado por ela própria, mas também que vai estender esse legado ao mesmo tempo em que presta uma sutil homenagem a tudo que já foi feito. O conforto com que Taylor navega pela escavação do próprio passado parece uma extensão natural do tema de *Midnights*, em vez de uma deixa para o arco final do show em que entram seus grandes sucessos. É uma linha tênue, mas Swift consegue atingi-la com sua habitual graça. Tendo andado por essa linha durante toda a carreira, Taylor ousadamente transformou a própria imagem a cada variação de seu trabalho, mantendo um traço de familiaridade que não compromete sua marca ou dispersa seu público crescente.

Os figurinos da The Eras Tour são o verdadeiro suprassumo da realeza do design com looks personalizados indo de Versace a Oscar de la Renta, de Alberta Ferretti a Etro e muito mais. Alguns parecem novos em folha, como o collant de lantejoulas Zuhair Murad azul-escuro (com uma liga bem atrevida para ser tirada), com silhueta de espartilho e o glamour do clipe de "Bejeweled". Ou um vestido camiseta de lantejoulas Oscar de la Renta com uma jaqueta felpuda de pele falsa por cima, uma referência ao clipe de "Lavender Haze". Outros figurinos parecem sucessores modernos de looks de eras passadas: o conjunto Roberto Cavalli representando *1989*; a dose dupla de nostalgia no combo vestido plissado Jessica Jones (sua colaboradora de turnê por muito tempo) e violão Taylor Guitar; o regresso de Ashish, o designer da camiseta de lantejoulas vista pela primeira vez no clipe de "22", para replicar o modelo audacioso para o conjunto de abertura do set de *Red*. Os dizeres escritos na camiseta de Taylor mudam a cada show, mas frequentemente servem como cartazes irônicos para piadas internas entre os fãs.

Foram necessárias 315 horas para aplicar cuidadosamente os 5.300 cristais neste body Oscar de la Renta. Para a apresentação da música "Midnight Rain", o brilho da peça faz alusão às gotas de chuva escorrendo por uma vidraça (Taylor não é novata em uma performance na chuva numa turnê; veja "Should've Said No"). O uso de franjas na altura do quadril tem tripla serventia: o movimento chama a atenção no palco, espalha um brilho extra e ao mesmo tempo traz a aura da *showgirl* western.

Taylor fez questão de relembrar e atualizar looks de turnês antigas na The Eras Tour. Algumas são claras referências, refinadas e modernizadas. Um vestido de baile de alta-costura Nicole + Felicia foi uma duplicata com mais volume do tule Valentino usado para o encerramento da turnê *Speak Now* (À ESQUERDA). Um conjunto de duas peças Roberto Cavalli verde, brilhante e com franjas foi elevado à padronagem de diamantes com lantejoulas, combinando com botas Christian Louboutin que pareciam tiradas diretamente do figurino da turnê *1989* (ACIMA, À DIREITA). Outras alusões foram mais sutis, como o macacão assimétrico Roberto Cavalli cheio de espirais de cobras ornadas com diamantes pretos e vermelhos. O tema reptiliano é referência clara à turnê *reputation* e à própria dualidade do álbum, que documenta a tensão entre a vida pública e a individualidade de Taylor. O modelo de apenas um braço simboliza a troca de pele da cobra, como se as memórias daquele período permanecessem feito uma parte indissociável de sua identidade e das experiências vividas, ainda que ela continuasse a se curar das feridas do passado. A peça também lembra o body preto de lantejoulas Jessica Jones que abria a turnê *reputation*, por também possuir mangas assimétricas.

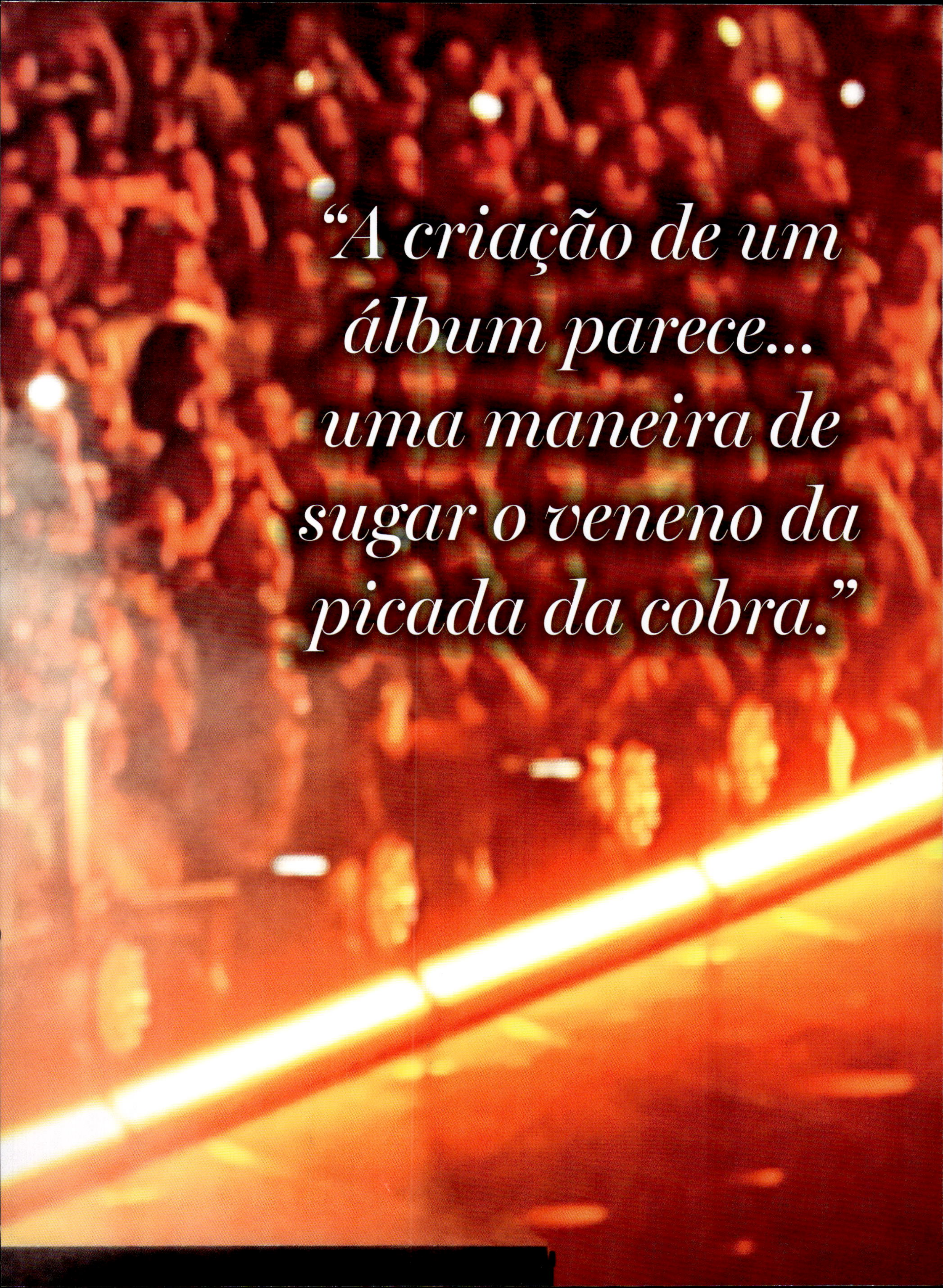

"A criação de um álbum parece... uma maneira de sugar o veneno da picada da cobra."

Numa época em que a internet abriu um abismo profundo — no qual os artistas da música podem ao mesmo tempo "chegar lá" e inversamente reduzir a capacidade de chamar atenção — a ideia do popstar monolítico pode parecer uma relíquia do passado. Taylor, porém, sempre foi uma exceção. Ela não move as estruturas: ela cria fundações inteiramente novas sobre as quais construir seus impérios. Considerando o fato de que lançou seis álbuns na primeira década de sua carreira, de 2019 em diante, Taylor fez tanto quanto na metade do tempo. "Nos últimos seis ou sete anos, eu só continuei realizando coisas, constantemente. E quanto mais coisas eu realizo, mais feliz eu fico", disse ela sobre sua velocidade de produção um tanto assustadora. Antes do Grammy de 2024, a *Rolling Stone* escreveu: "São poucas as coisas das quais se pode ter certeza na vida: morte, impostos, e as indicações da Taylor Swift para Álbum do Ano." Amparado pelo sucesso estratosférico da The Eras Tour, *Midnights* venceu e levou para casa o troféu de Álbum do Ano. Taylor se tornou a única artista a ganhar o prêmio quatro vezes — ultrapassando nomes que venceram três vezes consecutivas como Frank Sinatra, Paul Simon e Stevie Wonder. O sucesso de *Midnights* deixa claro que o pop personalizado de Swift faz com que muitos a considerem a última de sua espécie: uma verdadeira superstar.

Este vestido de lantejoulas Oscar de la Renta personalizado com jaqueta felpuda de pele falsa, escolhido para o set de abertura de *Midnights* na The Eras Tour, é mais obviamente uma extração direta do figurino do videoclipe de "Lavender Haze" e no fundo também uma homenagem aos vestidos de lantejoulas das primeiras turnês. Mas o que eu mais amo na jornada de Taylor pelas eras é que seu cabelo e sua maquiagem permanecem os mesmos para as três horas de show. No passado, ela diferenciava bem claramente cada seção de uma apresentação e seus respectivos figurinos com um divertido rabo de cavalo ou uma trança lateral bagunçada. Na The Eras Tour, a peça central e estática — à medida que vamos avançando por sua carreira e ela flutua entre looks icônicos relacionados a cada parte da jornada — é seu cabelo reluzente com corte *full fringe*. Era como se a Taylor de verdade — que encontrara a base de sua bem-aventurança no batom vermelho, cabelo longo solto e franja — espiasse tudo lá do passado.

Parte IV

FROM THE VAULT (VERSÃO DO LIVRO)

10

Falha nossa

SETE VEZES EM QUE TAYLOR DEVERIA TER DITO NÃO

Sabemos que estilo é algo invariavelmente pessoal e, portanto, subjetivo. Sou defensora das diferenças de opinião a respeito do que está em alta ou em baixa. O objetivo deste livro foi, portanto, oferecer reflexões críticas gentis sobre o estilo de Taylor. Essa tarefa é fácil de fazer quando ela manda bem e (falando como uma comentarista experiente) um tanto administrável quando ela erra um pouquinho o alvo. Se eu fosse Tambor, o coelhinho de *Bambi*, eu simplesmente não falaria nada sobre os looks que mostrarei a seguir... mas é claro que vou falar, afinal, a gente veio aqui para isso. E se você chegou aqui só para encontrar um dos seus conjuntos favoritos incluídos nessa lista, teremos que nos conformar com o fato de que vemos as coisas de um jeito diferente e tudo bem.

Então, sem mais delongas, vamos aos erros de Taylor Swift!

(PÁGINA 300)

Um passinho pra frente, um suéter pra trás

Em novembro de 2014, Taylor saiu de casa confiante para assistir a um jogo do New York Knicks. Ela vestia um suéter recortado 525 America na cor bordô, calça jeans Paige Denim mostarda e um leal par de botas Rag & Bone que usava com frequência na época. Taylor sempre adorou uma combinação de cores singular... Entre ficar de pé nos momentos cruciais do jogo e bebericar delicadamente sua cerveja, ela estava usando seu adorável tricô bordô do avesso — um fato que levei a seu conhecimento através do meu blog. Para ser justa, a peça é vendida como dupla face, então sua escolha de exibir as saboneteiras é compreensível. Durante o que tenho que assumir como um rolamento de feed na madrugada, Taylor compartilhou o meu post, e parece que sua ficha foi caindo lentamente. "Acho que o que estão tentando falar educadamente é que... eu usei a blusa do jeito errado, não é?", dizia a legenda. Uma de nós ficou levemente envergonhada, e a outra ganhou uma história excelente para quebrar o gelo nas festas. Tenho certeza de que você vai saber identificar quem é quem.

(PÁGINA AO LADO, À ESQUERDA)

Elvira

Taylor usou este triste vestido vampiresco da designer Elvira em seu primeiro CMA em 2006, coincidentemente no dia do meu aniversário de 14 anos. E, não, não dá para inventar esse tipo de coincidência trágica da moda. Se o tecido brilhante e a imagem dela se arrastando de salto pelo tapete vermelho feito uma sereia gótica não for o suficiente para você, por favor, dê uma olhadinha nas luvas na altura do cotovelo. Em vez de soprar as velas do meu bolo, eu as apaguei com minhas lágrimas.

(PÁGINA AO LADO, À DIREITA)

O incidente

Ao longo dos anos, só pude me referir a este look que Taylor usou no VMA de 2014 como "O Incidente". Esta infâmia precisou de uma hashtag própria, tamanho o erro de usar um macaquinho de manga longa Mary Katrantzou com estampa de sopa de letrinhas "combinando" com salto Elie Saab bordô. De acordo com a designer, que falou à *InStyle*, as letras foram "inspiradas nos livros escolares da virada do século, o que pareceu apropriado, já que suas canções têm um forte senso de narrativa". Pessoalmente, não tenho como dar uma nota para este look que o permita passar de ano. Então a melhor coisa que posso dizer entre todas as críticas é que as famosas pernas de Taylor Swift estão deslumbrantes.

COUNTRY MUSIC'S BIGGEST NIGHT™
CMA 40TH AWARDS
abc

O que Coco Chanel entende de moda, mesmo?

Coco Chanel certa vez deu o célebre conselho: dar uma olhada final no espelho e tirar um acessório antes de sair de casa. Neste dia em particular, Taylor escolheu não dar ouvidos ao minimalismo de Chanel e acrescentou não um, mas dois acessórios supérfluos. O primeiro foi uma bolsa da colaboração entre Louis Vuitton e Christian Louboutin (os rebites na frente e o painel traseiro oculto em vermelho brilhante são ambas homenagens aos dois designs mais famosos e característicos da Louboutin). O segundo foi um arnês Free People aprovado para amazonas. Não consigo entender como esses dois acessórios foram parar em um look que, não fosse por isso, seria perfeitamente fofo. Bem, Chanel também disse certa vez que "os acessórios fazem uma mulher ou marcam uma mulher". Este particularmente marcou Taylor como uma pessoa por vezes caótica na hora de escolher o que vestir.

Tudo é horrível e tudo dói

Este foi o dia em que tive que presumir que todo mundo na impecável equipe de beleza da Taylor foi substituído por um conjunto de robôs vingativos determinados a causar estragos. Alvo: Taylor Swift. Objetivo: Pesar a mão em tudo. Missão: Cumprida. Os cachos extremamente definidos e a maquiagem espalhafatosa não ajudaram em nada. Tampouco ajudou este vestido de bandagem Hervé Léger datado — um modelo inescapável na metade dos anos 2000, usado excessivamente por várias celebridades de reality shows e visto aos montes em qualquer fila de boate.

Clive Davis
HEAR THE TRUTH.

(PÁGINA ANTERIOR)

My Daydream's Fit Like a Baby

O comprimento extra das mangas desse macaquinho Osman contribuiu para aumentar o volume nas laterais do cabelo de Taylor. O formato encolhido, as marcas de dobra e a combinação com as robustas sandálias Saint Laurent rosa dão a impressão de uma criança meio chateada usando roupas pequenas demais para o seu tamanho no dia em que precisa tirar uma foto.

(À ESQUERDA)

Em poucas palavras: Conjunto jogger de lantejoulas com padronagem Houndstooth

Esta frase deveria causar um arrepio em qualquer pessoa. Claro, o VMA, onde Taylor usou este conjunto Ashish, é o lugar mais apropriado para um look divertido e extravagante, mas precisava tanto? Bainhas com elástico não têm nada a ver com tapete vermelho. Ainda mais quando elas são curtas e alcançam — literalmente — o meio da canela. Dito isso, há pouco cheguei à conclusão de que talvez as tiras elásticas listradas dos saltos Christian Louboutin sejam uma alusão a algum calçado esportivo, como os tênis de basquete decano alto, a fim de combinar com a natureza atlética do conjunto jogger. Em todo caso, nunca serei contra escolhas de estilo intencionais e temáticas. Mesmo quando essas escolhas resultem... nisso.

"Eu amo escrever canções porque amo preservar lembranças, como colocar uma moldura em volta de um sentimento que você já teve uma vez."

— Taylor Swift, *Elle* (RU), 2019

Epílogo

ESCREVER SUA HISTÓRIA É FAZER HISTÓRIA

O SOM DE UM VIOLÃO DE DOZE CORDAS DEU O TOM, MAS UM ADORÁVEL VESTIDO DE verão e botas de caubói definiram a cena. Desde o lançamento de seu single de estreia, "Tim McGraw", Taylor plantou a semente lírica para entrelaçar música e estilo, antevendo, mesmo na adolescência, o quanto seguiria confiante na fusão entre roupas e memória. Nessas quase duas décadas desde então, Taylor continuou manejando o poder do seu guarda-roupa com a mesma habilidade que empunha sua caneta.

Em um ensaio pessoal para a revista *Elle* (RU) em 2019, ela disse: "Eu amo escrever canções porque amo preservar lembranças, como colocar uma moldura em um sentimento que você já teve uma vez." Se suas canções são a moldura, seu guarda-roupa é a fotografia, ambos trabalhando juntos não apenas para captar momentos, mas também para relembrá-los. Mensagens secretas e pequenos detalhes, fosse um "13" pintado em tinta brilhante no dorso da mão ou seu nome gravado nas botas de caubói, talvez não tenham começado para inspirar conspirações de fãs ou servir como plataforma de lançamento para uma eventual reinvenção. Taylor sabia, porém, desde a primeiríssima noite, que suas canções seriam mais fortes, suas letras seriam mais claras e sua marca mais consistente quando amplificadas através de uma escolha de look intencional.

Taylor usa a moda como um meio de transmitir mensagens, histórias que são trabalhadas a partir dos tecidos, não apenas das palavras. Ela reformulou a feminilidade para usá-la como instrumento de uma força em *Speak Now*, brandindo o tule feminino para validar seu sucesso perante aqueles que duvidavam. Apropriou-se de um ataque cruel e se regenerou a partir dele com muita coragem, deslizando na pele de cobra de *reputation* para transformar uma ofensa em um superpoder emblemático. Ela converteu ternos antiquados com seu otimismo romântico característico, usando blazers e calças de alfaiataria em tons pastel para sincronizar poder com uma alegria efervescente no lançamento de *Lover*, o primeiro álbum que representou a propriedade artística total de Taylor sobre sua obra.

A The Eras Tour de 2023 foi o grande retorno de Taylor aos palcos. Ela estava armada com quatro trabalhos novos e originais (*Lover*, *folklore*, *evermore* e *Midnights*), aos quais se referiu como "novos membros da família". Demonstrou uma resistência incomparável — e mesmo um tanto bizarra — ao longo de uma apresentação de mais de quarenta músicas, explorando seus álbuns anteriores em sets dedicados a eles por uma extensão de três horas e, obviamente, treze minutos. A performance de "Look What You Made Me Do", do álbum *reputation*, ampliou as caricaturas de suas personas do passado mostradas no clipe. Atrás de uma Taylor coberta de serpentes em um macacão Roberto Cavalli, havia caixas de Barbie em tamanho real, aprisionando looks de suas eras anteriores. O resultado era impactante e altamente pessoal. Não é um exagero associar o line-up do show à retenção das gravações master do seu catálogo. A punição final, claro, foi ver esse cenário tomar vida após um período de produtividade sem precedentes em sua carreira, especialmente depois que sua gravadora apostou no seu passado em vez de no seu futuro. Este visual proclama em alto e bom som que, por trás de cada mulher bem-sucedida, está ela própria. Como muito bem colocado pela *Rolling Stone*, "tem alguma coisa engraçada no fato de alguém que nunca esteve tanto no auge fazer um show de grandes sucessos". Acontece que vingança é um prato melhor servido usando alta-costura e compartilhado com setenta mil de seus amigos mais próximos.

A designer britânica Katherine Hooker, criadora dos casacos de lã chiques usados por Taylor ao longo das eras *Red* e *1989*, me disse o seguinte: "Nitidamente Taylor é uma mulher autoconfiante, mas ao mesmo tempo também não tem medo de ser vulnerável." O stylist de Taylor, Joseph Cassell, falou à *InStyle* em 2014 que seu papel sempre foi o de orientar o rumo do navio, mas não capitaneá-lo. "Taylor tem uma visão muito nítida de quem ela é e de como refletir essa identidade através do que veste. Ela não tem medo de experimentar coisas novas, como combinar peças únicas de uma maneira solta ou escolher acessórios que são interessantes ou diferentes." Como sempre, desde o início Taylor sabia o que queria comunicar e o como isso a distinguiria do restante da multidão.

Seu estilo feminino facilitou para os fãs a tradução do amor que sentem por sua música, como uma espécie de Bat-sinal que, silenciosamente, expressa sua condição de swiftie. Um batom vermelho bem colocado, um acessório vintage, o sorriso confiante de uma mulher que tem o poder de causar o caos da internet no lançamento de seu último single — essas pequenas coisas que todos nós podemos aspirar inserir em nossas escolhas do dia a dia.

As roupas de Taylor tornaram-se não apenas definidoras, mas também representativas da passagem do tempo. Ultrapassando as armadilhas das tendências, Taylor anteviu com clareza a necessidade de preservar suas eras através dos estilos criados para cada uma. Mesmo antes de todas as suas personas do passado estarem perfiladas no clipe de "Look What You Made Me Do", Taylor já havia usado a indumentária como forma de lhes dar identidade. Hoje, é impossível *não* caracterizar cada estilo por eras, mas o termo foi usado pelos swifties por anos, antes de se tornar o unificador temático da sua turnê de 2023 e 2024.

Arco de *Red*enção

Em 2019, as gravações originais dos seis primeiros álbuns da Taylor foram vendidas, incluindo não apenas as letras e melodias que foram cuidadosamente vertidas de seu coração, mas também os componentes visuais de cada álbum: o design dos encartes, ensaios fotográficos e, nas palavras da Taylor, "vídeos que idealizei e pelos quais paguei com o dinheiro que ganhei tocando em bares, depois em boates, depois em arenas, e então em estádios". Ao reivindicar sua obra — o que fez sistematicamente quando duplicou seu catálogo prévio de modo a criar versões das quais detivesse os direitos, uma jogada que também provocou a desvalorização das versões anteriores —, ela também precisou acrescentar a cada álbum a nomenclatura "Taylor's Version", além de criar novos componentes visuais. Vestígios das capas originais sangravam sobre as novas como um efeito de dupla exposição.

Taylor reinventou a cabeleira esvoaçante de *Fearless*, com ondas mais soltas se movimentando no que parece mais uma brisa natural do que a máquina de vento que originalmente chicoteava seus cachos modelados. Os babados no pescoço e um laço folgado na blusa Ulla Johnson são dramáticos e belos, um look que reescreve seu papel de donzela em perigo em sua própria versão de Romeu em "Love Story".

A efervescência extravagante e feminina da capa de *Speak Now* é mais sombria e carrega as marcas de batalha na Taylor's Version. O tule de seu vestido Giambattista Valli volumoso mantém o aspecto leve e fantasioso do original, mas o drapeado baixo da manga expondo suas costas e seus braços transmitem um ar mais adulto e sensual — se não surpreendentemente vulnerável — do que o de uma garotinha brincando de contos de fadas e pegando roupas no guarda-roupa da mãe. Em vez de olhar de relance como uma ninfa para fora da lente na direção de um futuro otimista, como fez na capa de 2010, esta versão da Taylor olha diretamente para a câmera, com os olhos suaves, porém presentes, e até um pouco preocupados. Trata-se de uma quebra de quarta parede direta e intencional, centralizando uma artista vulnerável enquanto ela reivindica a autoria de sua obra. Um cacho solto, como a primeira rachadura no verniz feminino, é um prenúncio de que ela se desentenderá com os contos de fadas, tema que seria mais explorado em *Red*.

Estabelecendo ainda mais seu status como um álbum de outono perene, Taylor trouxe a paleta de cores dessa estação em sua nova versão da capa de *Red*. Um chapéu de veludo cor de ferrugem Janessa Leone e um casaco Stella McCartney em um tom de ocre foram os complementos confortáveis para o hábil beicinho vermelho que se manteve em linha com a capa original. Mas uma estrada sinuosa e arborizada ao fundo, uma referência a cenas do curta de "All Too Well" — primeira incursão de Taylor como diretora de cinema —, e uma personalização do anel Cathy Waterman do ensaio de fotos original de *Red* foram combinados para revelar os novos elementos que ela estava propondo. O equilíbrio delicado entre referência e substituição criou momentos que remetiam ao começo da carreira e despertou a atenção para antigas partes de si que ela havia abandonado.

A garota da cidade desapegada, meticulosa e organizada da versão original de *1989* é substituída por uma mulher livre e despreocupada. À exceção dos lábios vermelhos característicos, Taylor abriu mão do delineador aplicado com minúcia e do *bob cut* cuidadosamente alisado em troca do rosto quase sem maquiagem e tranças desfeitas, os cabelos içados pelo que se pode imaginar ser o vento salgado litorâneo da Costa Leste. A capa é uma homenagem comovente aos árduos vinte e poucos anos, de uma mulher que emergiu deles em um lugar mais gentil, mais tranquilo e feliz. É Taylor enfeitando as cicatrizes de seu coração com um sorriso sábio — o mesmo sorriso que, segundo Taylor admitiu no Tumblr, ela teve medo de usar em 2014, porque na época quis parecer misteriosa. O elemento da gaivota usado em um suéter vintage para a capa de 2014 agora aparece como uma parte do céu infinito atrás dela.

Fearless (Taylor's Version) e *Red (Taylor's Version)*, ambos lançados em 2021, e *Speak Now (Taylor's Version)* e *1989 (Taylor's Version)*, lançados em 2023 — cada um desses álbuns veio com um cofre de canções deixadas de fora da lista original. Essas faixas trazem uma perspectiva extra: um deleite para os fãs de longa data que já estavam escutando os protótipos por uma década, e uma atração para novos fãs ainda não familiarizados com as versões originais. Os vocais mais maduros de Taylor demonstram aperfeiçoamento de técnica e domínio de seu instrumento de uma maneira que comunica emoção com habilidade. A perspectiva adulta confere uma credibilidade comovente ao conselho de vida que ela dá para sua persona mais jovem em "Fifteen", de *Fearless*. E você pode praticamente ouvir o revirar de olhos desdenhoso na nova faixa adicionada "Mr. Perfectly Fine", uma música divertida e petulante da era Joe Jonas que fala sobre rejeição, e que também dá uma pincelada no processo de composição, trazendo um verso que mais tarde seria retrabalhado para descrever um Jake Gyllenhaal casual e cruel em "All Too Well", de *Red*. E, claro, a versão de dez minutos de "All Too Well" catapulta a balada ao status de verdadeira lenda, a *magnum opus* de um compositor. Os versos extras e a ponte estendida acrescentam novas camadas de frustração e amargura que merecidamente renderam à faixa a indicação ao Grammy 2023 na categoria Música do Ano.

É quase certo que o estilo de Taylor continuará a evoluir junto com seu coração. "Analisando minha carreira, houve tantas fases musicais diferentes e coisas diferentes que eu quis vestir em épocas diferentes, e elas se encaixavam na minha vida naqueles momentos", disse ela em uma entrevista à Apple Music. "Acredito que você tenha que se permitir a dádiva de vestir determinado estilo de vida, determinado look ou determinado mantra criativo e então descartá-lo quando já o tiver superado."

Talvez porque um terno vinho teria sido uma escolha por si só um tanto curiosa, Taylor preferiu optar por uma família de cor semelhante com este terno de veludo Etro ameixa, que ela vestiu para a estreia do curta de "All Too Well" em Nova York. O tecido rico confere um toque moderno e adequado para o outono em um traje de negócios. Esse conjunto um tanto corporativo combina com seu novo empreendimento profissional por trás das câmeras, como diretora do filme.

Dick Clark Productions
abc

abc

A nossa história: fãs, amor e o futuro de Taylor Swift

Taylor já é uma lenda viva cuja carreira ascendeu em três diferentes gêneros e com álbuns que continuam estabelecendo recordes de vendas — mesmo na época do streaming. Seu legado nas páginas da história da música é indelével. A prova está nos cantores/compositores que estão emergindo em seu esteio e vão citá-la como uma influência por décadas. Gracie Abrams a definiu como "uma das referências de vulnerabilidade da mulher jovem" em uma entrevista para a *Teen Vogue*. Conan Gray falou à GQ sobre o impacto de Taylor: "Ela criou toda uma geração de compositores. Ensinou a muitas pessoas como escrever músicas pop." Griff falou à *Nylon*: "Existe essa nova onda de jovens músicos pop em cuja escrita você consegue ouvir Taylor Swift e pode afirmar que eles são fãs." Phoebe Bridgers, que fez participação na faixa "Nothing New", de *Red (Taylor's Version)* em 2021, uma das músicas tiradas do cofre de Swift, comentou que a existência de Taylor como uma jovem compositora foi o que lhe permitiu escrever suas próprias músicas. "Um dia, eu estava ouvindo uma rádio country... e Taylor começou a tocar. Ouvi uma garota, não muito mais velha que eu, cantando uma música que ela escrevera sobre a própria vida... Sou grata por ter crescido em um mundo em que Taylor Swift existe, ou 'O Mundo (Taylor's Version).'' Os vocais de Phoebe em "Nothing New" deram uma nova vida à canção como um dueto profético, explorando e expondo os medos de Taylor sobre seu futuro e a efemeridade da fama — e a longa fila de jovens talentos que buscariam substituí-la. Em vez disso, o sucesso deles atua como um atestado do sucesso dela própria e do impacto de seu talento artístico. De Kelsea Ballerini, a Gayle, Maisie Peters, Camila Cabello e às irmãs Haim, Taylor tem inspirado e nutrido — por meio de oportunidades de shows de abertura, mentorias e amizade — inúmeras compositoras mulheres.

Red (Taylor's Version) venceu o Álbum Pop Favorito e o Álbum Country Favorito no American Music Awards de 2022, quase uma década após o lançamento original também ter vencido a última categoria. A vitória final foi um momento especial — de subir o dedo do meio — que deu crédito ao seu sucesso *crossover*, ao legado de *Red* e ao trabalho amoroso de Taylor ao embarcar nas regravações. Se o troféu não fosse o suficiente, o estilo diria tudo. O cabelo armado e volumoso e o macacão The Blonds (PÁGINA AO LADO, À ESQUERDA) mimetizam o ondulado texturizado, penteado para trás e o decote dourado do vestido Julien Macdonald (PÁGINA AO LADO, À DIREITA) que ela usou na cerimônia de 2013, agora sem a modéstia do decote ilusão — referência a uma década de construção e fortalecimento da autoconfiança. Seus acessórios para a noite também disseram isso de forma clara: o Anel Unchain My Art de Delfina Delettrez fazendo par com o Anel Continuity da White Space Jewelry. O anel Delfina, cujo nome em português seria algo como "Liberte Minha Arte", soava como uma referência explícita à premiação de um álbum que ela regravou para recuperar os direitos sobre a própria obra. O anel White Space era uma homenagem a esta espécie de ciclo finalizado, no qual Taylor é premiada em dois gêneros por uma obra que ela temia nunca ser totalmente reconhecida no circuito de premiações por conta da falta de coesão sonora.

"Acredito que você tenha que se permitir a dádiva de vestir determinado estilo de vida, determinado look ou determinado mantra criativo e então descartá-lo quando já o tiver superado."

Será que o trabalho de regravar sua discografia inicial a levará a lançar sua própria gravadora, poupando futuros artistas das mesmas dificuldades? Taylor deu a entender algo sobre isso em uma entrevista à Apple Music em 2020: "Tenho conversado bastante com gravadoras, para tentar fazê-los entender que... quando você separa o artista da sua obra... você meio que quebra alguma coisa dentro dele. Esse tipo de coisa jamais deveria acontecer. Os direitos das nossas obras deveriam ser nossos desde o primeiro dia." Ela continuou: "Se eu puder fazer qualquer coisa para mudar isso no futuro para um jovem artista, ou para muitos jovens artistas, ou para todos eles, então pode ter certeza que vou continuar me pronunciando sobre isso." Talvez ela siga o exemplo de Stevie Nicks, que, desde os anos 1970, presenteia seu grupo de amigos íntimos e admiradores com colares de lua, Taylor inclusive. Quando Taylor deu seu anel "Red" Cathy Waterman retrabalhado para Olivia Rodrigo, uma estrela do pop adolescente em ascensão (que estendeu os créditos de composição de duas canções de seu álbum de estreia a Taylor, citando-a como "a melhor contadora de histórias da nossa geração"), não pude deixar de me questionar se, em suas escolhas de vestuário, a abordagem visionária de Taylor tenha sido emular o estilo de seus ídolos — como Stevie. Talvez, à medida que Taylor continue a fortalecer a carreira de outras pessoas, ela adote uma estética meio boêmia, roqueira e hippie.

Taylor normalizou e validou a voz e a experiência jovem feminina através de sua perspectiva da vida e do amor, e com a maneira como ela escolheu mostrar isso para o mundo. Ela nos fez querer tirar o melhor vestido do armário e dançar no meio de uma tempestade. Ela nos deu o empurrão de que precisávamos para arriscar o clássico batom vermelho. Demonstrou a realidade de nossas experiências e a delicadeza de nossas lembranças, mesmo quando tudo que nos restava delas era um cachecol desgastado. Ela fez com que nos sentíssemos como um cardigã favorito, arrancado debaixo da cama de alguém para viver uma nova vida sendo amado e cuidado novamente. Ela nos fez sentir todas essas coisas no refrão catártico de uma música, entre o terceiro e o último verso.

Sua capacidade de curar a dor através da música é o que imbui seu trabalho com um equilíbrio delicado entre vulnerabilidade e força. O fato de estar aberta para o mundo e para os fãs, de expressar cada detalhe de sua experiência amorosa e de vida, tudo isso a torna muito fascinante e encantadora, tanto como pessoa como figura pública. Seus gestos de gentileza despretensiosos fizeram com que Taylor mantivesse uma conexão genuína com seus fãs, criando um elo inquebrável. Há inúmeros exemplos aleatórios desses gestos de gentileza de Taylor — de visitar fãs no hospital a mandar presentes de Natal, levá-los para alguma de suas residências, até fazer um *meet-and-greet* gratuito de treze horas para que pudesse conversar com o maior número de fãs possível. Tenho certeza de que existe algum livro por aí cheio de informações sobre as dificuldades das relações interpessoais com celebridades. Mas este livro não é sobre isso. Ao longo de sua carreira, Taylor promoveu — e priorizou — cuidadosamente uma relação genuína com seus fãs em todas as fases da vida.

O triunfante retorno de Taylor ao circuito de turnês com The Eras Tour abriu espaço para que todas as legiões de swifties se reunissem mais uma vez e celebrassem sua arte. A energia do local do show era alimentada da mesma forma pelo movimento dos corpos dançantes desinibidos, pela fricção de milhares de lantejoulas dos trajes feitos à mão durante meses, e dezenas de milhares de pulseiras (tanto as de luz quanto as da amizade) preenchendo estádios com euforia e a música de uma pessoa que uniu todos nós.

Uma mente coletiva vivendo uma experiência compartilhada é algo que deve ser sentido, não falado. Sobreviver à prostração e ao isolamento da pandemia para então aproveitar a felicidade irrestrita da mesma música que ajudara a aliviar aquela dor foi como passar por uma cura comunitária. Viver na mesma era e ter o privilégio de crescer e aprender com alguém cuja arte transmitiu a verdade fundamental da sua vida e sua forma de dar sentido às emoções é um presente que continua sendo ofertado. Os ingressos dos shows de Taylor Swift deveriam ser prescritos como curativos medicinais.

Essas informações reunidas são a peça final do quebra-cabeça que demonstra como o estilo da Taylor transcende ela própria. Cada artista experiencia um rito de passagem: sua obra e sua vida são compartilhadas com o mundo e se tornam maiores do que a soma das partes conforme são abraçadas, interpretadas e reimaginadas pelos seus ouvintes. É assim que o uso de alta-costura dramática para o tapete vermelho, os looks memoráveis para os videoclipes, o estilo urbano identificável e os figurinos de palco arrasadores estão vivos na memória dos fãs de Taylor Swift. Sua jornada de moda e sua jornada lírica caminham juntas, criando pontos de ancoragem emocionais para que os swifties possam se fincar à terra. Certa vez, Taylor disse que a música é uma coisa que "só serve para ser transmitida como uma herança preciosa... Essas músicas vêm para você de algum lugar e então, de repente, até certo ponto elas são suas". E então elas se tornam nossas.

A única coisa que sei com certeza é que Taylor sempre vai abrir um caminho que será apenas seu. Algumas vezes vai brilhar. Algumas vezes vai parecer meio vovozinha de um jeito fofo. Algumas vezes vai revelar uma faixa de pele com uma fenda bem atrevida. Outras, vai trazer um item inesperado como acessório, no limite entre o fofo e o kitsch. A cada nova empreitada, ela vai continuar a expandir e aprimorar o legado visual que passou quase duas décadas elaborando. Cada escolha de estilo é uma oportunidade de comunicar algo, seja de forma aberta ou subversiva, para que aqueles entre nós, mais versados em moda, possam captar.

Por isso, Taylor Swift, "will never go out of style".

Agradecimentos

Existem algumas pessoas a quem este livro, e eu, devemos muito.

A primeira é minha editora "fearless", Brigitte Dale — e por extensão todo mundo na maravilhosa St. Martin's Press, incluindo Alexis Neuville, Meghan Harrington, Anne Marie Tallberg, Jennifer Enderlin, Brant Janeway, Althea Mignone, Shubhani Sarkar, Jonathan Bush, Olga Grlic, Chrisinda Lynch, Michael Clark e Kelley Blewster — que trabalharam incansavelmente para tirar essas páginas das minhas mãos e levá-las até as de vocês. Foi pela força que Brigitte me deu e sua crença neste projeto que ele se tornou o equilíbrio entre análise e observação irônica que eu esperava. Obrigada por seu apoio gentil, sua visão cuidadosa e seus jogos de palavras. (Obrigada também a Juliet, irmã de Brigitte, que planejou nossa memorável conexão.)

A segunda pessoa é meu companheiro, Dustin, que durante a escrita deste livro desempenhou diversos papéis. Primeiro, noivo. Depois, marido. E sempre um parceiro muito tranquilo. Ele testemunhou várias tardes e noites em que as palavras e a edição foram priorizadas em vez de comer e respirar. Ele enxergou a mulher e a autora e acreditou em ambas, com todo o coração e de forma inabalável. Obrigada por seu amor sereno e presente, mutável, porém constante. Por tudo aquilo que eu nunca soube que precisava e pelo que me sinto grata e sortuda de ter, todos os dias. Tenho orgulho do meu novo nome escrito na capa.

A terceira é minha melhor amiga, Breanna. Foi durante sua trigésima viagem em torno do sol — e uma viagem mística de carro pela Highway 101 — que os primeiros rascunhos deste livro surgiram, impregnados do ar salgado (e das portas enferrujadas) deste pequeno pedaço de mundo que tanto amamos. Minha vida, e este livro, não seriam os mesmos sem o impacto de seus feedbacks honestos e seu banco do passageiro sempre disponível. Agradeço nossa conexão de almas que alcança os oceanos mais profundos e as florestas mais densas.

Na quarta posição estão meus pais, Stan e Shirley. Eles são os pilares da minha vida, e seu apoio tem sido incansável e incondicional. O sacrifício e a coragem deles em abandonar seus países de origem e morar em vários lugares do mundo buscando uma nova vida me inspira todos os dias. Como filha única, sinto de forma completa e singular o peso das escolhas e das expectativas deles. Espero sinceramente que este livro seja uma validação de tudo que sonharam e desejaram.

Em quinto (e mais) estão os leitores deste livro e do blog *Taylor Swift Style*. Vocês me fazem acreditar na beleza da internet e na decência das pessoas. O compromisso de vocês em manter uma conversa crítica sempre gentil, e sua abertura (e alegria) para a diversidade de opinião é um dom, e por isso é uma honra para mim ajudar a promovê-lo.

Por último, claro, está Taylor, de quem a "caneta afiada, pele sensível e coração aberto" tem sido minha estrela-guia por metade da minha vida. Sua música pontuou quase todas as minhas "primeiras vezes" mais importantes: Meu primeiro beijo. Meu primeiro término. Minha primeira decepção verdadeira. E, mais recentemente, minha primeira (e tomara que única) vez caminhando até o altar usando um vestido branco perfeito. Minha vida não pareceria, nem soaria, como é sem sua vulnerabilidade, sua força e habilidade para transformar sua vida em arte. Sua determinação implacável de abrir caminho em meio aos destroços, de encontrar diamantes na poeira, de cruzar um céu sem limites como uma fênix quantas vezes for necessário, é uma inspiração para mim e para milhões de pessoas. Obrigada por criar mundos com sua música e por permitir que encontremos um lugar tranquilo para repousar.

Créditos das imagens

Alberto E. Rodriguez via Getty Images: página 109

Alessio Botticelli via Getty Images: páginas 186 e 196

Alexander Tamargo via Getty Images: página 185

Alo Ceballos via Getty Images: páginas 90, 93, 141, 146, 148, 149 e 167

Amy Sussman via Getty Images: página 316

Axelle/Bauer-Griffin via Getty Images: página 288

Bauer-Griffin via Getty Images: página 89

BDG/Shutterstock: página 93

Beretta/Sims/Shutterstock: página 91

Bob Levey/TAS23 via Getty Images: página 292

CBS Photo Archive via Getty Images: páginas 124-125

Charles Eshelman via Getty Images: página 87

Christopher Polk via Getty Images: páginas 129 e 135

Christopher Polk/TAS via Getty Images: página 162

Christopher Polk/TAS18 via Getty Images: páginas 174, 212-213

Dan MacMedan via Getty Images: página 59

Daniele Venturelli via Getty Images: página 190

Dave Hogan via Getty Images: páginas 81, 215 e 245

Dave J Hogan via Getty Images: páginas 111 e 130

Dave M. Benett via Getty Images: página 130

David Crotty via Getty Images: páginas 209 e 210

David Krieger/Bauer-Griffin via Getty Images: página 200

David Mepham via Getty Images: página 36

Denise Truscello via Getty Images: páginas 10, 23, 34 e 134

D Dipasupil via Getty Images: páginas 74, 111, 117, 234 e 252

Dimitrios Kambouris via Getty Images: páginas ii, 49, 57, 107, 229, 250, 299 e 315

Dimitrios Kambouris/LP5 via Getty Images: página 150

Donna Svennevik via Getty Images: página 114

Erika Goldring via Getty Images: página 182

Ethan Miller via Getty Images: páginas 1, 2, 14 e 235

Ethan Miller/TAS23 via Getty Images: páginas 128 e 293

Evan Agostini via Getty Images: páginas 17 e 21

Frazer Harrison via Getty Images: páginas 22 e 127

Frazer Harrison/ACMA2011 via Getty Images: **página 77**

Fred Breedon/Nashville Rising via Getty Images: **página 44**

Fred Duval via Getty Images: **páginas 37 e 41**

Frederick Breedon IV via Getty Images: **páginas 40 e 60**

Gardiner Anderson/Bauer-Griffin via Getty Images: **página 147**

George Pimentel/LP5 via Getty Images: **página 163**

GONZALO/Bauer-Griffin via Getty Images: **página 89**

Gotham via Getty Images: **páginas 194, 195, 226, 237, 241 e 288**

Gregg DeGuire via Getty Images: **páginas 202 e 316**

GVK/Bauer-Griffin via Getty Images: **página 164**

Ignat/Bauer-Griffin via Getty Images: **páginas 152 e 161**

James Devaney via Getty Images: **páginas 39, 103, 186 e 300**

Jamie McCarthy via Getty Images: **páginas 232 e 305**

Jason Kempin via Getty Images: **páginas 24, 31, 32 e 33**

Jason LaVeris via Getty Images: **páginas 109 e 198**

Jason Merritt via Getty Images: **páginas 142, 173 e 307**

JC Olivera via Getty Images: **página 247**

Jeff Kravitz via Getty Images: **páginas 46, 56, e 71**

Jeff Kravitz/AMA2014 via Getty Images: **página 171**

Jeff Kravitz/AMA2019 via Getty Images: **página 246**

Jeff Vespa via Getty Images: **página 132**

Jeffrey Ufberg via Getty Images: **página 95**

Jemal Countess via Getty Images: **página 49**

Jesse D. Garrabrant via Getty Images: **página 5**

JJ/Bauer-Griffin via Getty Images: **página 121**

John Shearer via Getty Images: **páginas 128, 197, 199, 206, 297 e 310-311**

Jon Kopaloff via Getty Images: **páginas 13, 47, 48, 70, 76, 133, 137, 172, 193, 199, 220, 292 e 303**

Jun Sato via Getty Images: **páginas 118-119**

Karwai Tang via Getty Images: **página 160**

Kevin Mazur via Getty Images: **páginas 113, 126, 151, 152, 184, 238-239, 242, 250, 273, 285, 293, 291 e 294-295**

Kevin Mazur/AMA2010 via Getty Images: **página 51**

Kevin Winter via Getty Images: **páginas ii, 82, 85, 99, 113 e 254-255**

Kevin Winter/ACM2015 via Getty Images: **página 52**

Kevin Winter/ACMA via Getty Images: **página 51**

Kevork Djansezian via Getty Images: **página 168**

Larry Busacca via Getty Images: **página 67**

Leah Puttkammer via Getty Images: **página 223**

Lisa Lake/TAS23 via Getty Images: **página 276**

Marc Piasecki via Getty Images: **página 121**

Mark Metcalfe via Getty Images: **páginas 270-271**

Mark Robert Milan via Getty Images: **página 91**

Masatoshi Okauchi/Shutterstock: **página 226**

Matt Winkelmeyer/TAS18 via Getty Images: **páginas 204-205**

Michael Buckner via Getty Images: **página 73**

Michael Stewart via Getty Images: **página 157**

Michael Tran via Getty Images: **página 159**

Mike Marsland via Getty Images: **páginas 46 e 133**

Natasha Moustache/TAS23 via Getty Images: **páginas 202-203**

NBC via Getty Images: **página 179**

NCP/Star Max via Getty Images: **páginas 89 e 201**

Neil Mockford via Getty Images: **página 95**

Neilson Barnard via Getty Images: **página 249**

Papjuice/Bauer-Griffin via Getty Images: **página 304**

Raymond Hall via Getty Images: **páginas 88, 89, 147, 166, 193 e 195**

Rick Diamond via Getty Images: **página 303**

Rick Diamond/ACM2009 via Getty Images: **página 41**

Robert Kamau via Getty Images: **página 230**

Royce DeGrie via Getty Images: **página 68**

Samir Hussein via Getty Images: **páginas 100 e 104**

Scott Gries via Getty Images: **páginas 13 e 18**

Shutterstock: **páginas 30, 37, 69 e 225**

SIANDERSON/Bauer-Griffin via Getty Images: **página 108**

Skip Bolen via Getty Images: **página 72**

Startraks/Shutterstock: **páginas 94, 96, e 196**

Stephen Lovekin via Getty Images: **páginas 71 e 81**

Steve Granitz via Getty Images: **páginas 78, 82, 230, 253 e 306**

TAS Rights Management 2021 via Getty Images: **páginas 256 e 274-275**

TASRIGHTSMANAGEMENT2020 via Getty Images: **página 267**

Taylor Hill/TAS23 via Getty Images: **página 264**

Theo Wargo via Getty Images: **páginas 28 e 252**

Theo Wargo/TAS via Getty Images: **página 112**

TOE/Bauer-Griffin via Getty Images: **páginas 96, 117, 118 e 122**

VCG via Getty Images: **páginas 162 e 202**

Vittorio Zunino Celotto via Getty Images: **página 87**

XPX/Star Max via Getty Images: **páginas 164, 167 e 200**

Índice

Nota: números de página em *itálico* indicam fotografias.

A

B

C

D

E

F

L

M

S

T

U

V

W

Y

Z